Mathias Grasl

Freundschaft erleben

7 Kennzeichen guter Beziehungen

Mathias Grasl

Freundschaft erleben

7 Kennzeichen guter Beziehungen

Schulte & Gerth

Best.-Nr. 815 942
ISBN 3-89437-942-1
2. überarbeitete Auflage 2004
Illustrationen im Innenteil: Detlef Müller
Umschlaggestaltung und Illustration: Hanni Plato
Satz: Typostudio Rücker, Linden
Druck und Verarbeitung: Ebner & Spiegel, Ulm
Printed in Germany

Die erste Auflage erschien 2003 im Verlag philemon.

Alle Bibelzitate wurden, soweit nicht anders angegeben, der „Hoffnung für alle"-Bibel entnommen.

Für meine Frau Lore
und unsere ganze Familie.
Als Dank für alle Liebe und Treue!

Inhalt

Vorwort

Sind Sie ein Mensch, der in einer Freundschaft echtes Vertrauen erleben möchte? Vielleicht wurden Sie aber auch enttäuscht und begegnen Ihren Mitmenschen seitdem vorsichtiger und zurückhaltender. Wo auch immer ich in den vergangenen Jahren Vorträge zum Thema „Freundschaft" gehalten habe, berichteten mir die verschiedensten Menschen von Wünschen und Erfahrungen wie diesen.

Oft wurde ich nach solchen Vorträgen gefragt, ob ich die sieben Kennzeichen echter Freundschaft, von denen ich gesprochen hatte, schriftlich festgehalten hätte. Viele baten mich auch darum, dies doch zu tun, mit der Begründung, dass eine solche Niederschrift eine echte Hilfe wäre, um über die eigenen, persönlichen Erfahrungen mit freundschaftlichen Beziehungen nachzudenken.

Die sieben Kennzeichen echter Freundschaft, um die es also im Folgenden gehen wird, sollten als positive Möglichkeiten gesehen werden, mit denen wir bestehende Freundschaften erweitern und vertiefen können.

Manchmal begegnet uns ein Mensch als Freund und wir erkennen ihn nicht als solchen. Darum ist es wichtig, viele mögliche Facetten einer Freundschaft zu kennen. Vielleicht hat sich aber auch ein Freund enttäuscht zurückgezogen, weil er ein wichtiges Kennzeichen in Ihrer Freundschaft vermisst hat. Es gibt viele gute Gründe, Freundschaften bewusster zu leben.

Die Berücksichtigung dieser sieben Kennzeichen hat schon unzähligen Menschen geholfen, Freundschaft tiefer zu erleben. Jesus hat diese Kennzeichen als Merkmale *seiner* Freundschaft zu uns genannt, damit sie uns und vielen Menschen zur Lebenshilfe werden. Wenn wir die Bedeutung dieser sieben Kennzeichen für alle unsere Beziehungen erkennen und verstehen, werden wir Freundschaft in einer neuen Dimension erleben.

Die Beispielgeschichten in diesem Buch haben sich so oder ähnlich abgespielt. Die meisten Namen wurden abgeändert, damit die Privatsphäre der genannten Personen nicht verletzt wird. Nur die Namen von drei schon verstorbenen Freunden wurden im Original belassen, um die guten Erinnerungen an sie lebendig zu erhalten (Robert, Kap. „Sechstes Kennzeichen“ / Ernst, Kap. „Siebtes Kennzeichen“ / Hans, Kap. „Freundschaft erleben“). Jedes der aufgeführten Beispiele ist primär als Gleichnis zu verstehen und soll helfen, die Grundgedanken des Buches umfassender zu begreifen.

Danken möchte ich an dieser Stelle allen Freunden, die ihre persönlichen Erfahrungen für dieses Buch großzügig zur Verfügung gestellt haben, außerdem meiner Frau Lore und der ganzen Familie für ihre wertvollen Anregungen während meines Nachdenkens.

Ich bin dankbar für die wunderbare Zeit, in der dieses Buch entstanden ist. Jedem Leser wünsche ich von Herzen, dass seine bestehenden Freundschaften vertieft werden und dass er den Mut findet, neue Beziehungen zu wagen.

Mathias Grasl

Einleitung:
Gute Freunde sind wichtig

Ein Mann saß mir gegenüber und redete ohne Punkt und Komma auf mich ein. Er lud seinen ganzen Frust auf das Leben und seine Mitmenschen bei mir ab. Neben ihm saß eine Frau, die er als seine Freundin vorgestellt hatte. Immer wieder unterbrach sie ihn mit wütenden Bemerkungen wie: „Wir sind keine wirklichen Freunde" und: „Helfen kann uns sowieso keiner mehr".

Ich ließ die beiden reden, da es schien, als wollten sie endlich ihren ganzen Kummer loswerden. Doch dazu kam es nicht. Zwei volle Stunden lang schlugen sie nur mit harten Worten um sich. Sie versuchten einander – und auch mir – mit verletzenden Anklagen und Vorwürfen wehzutun. Keiner konnte sich beruhigen und vertrauensvoll über sein Elend reden. Dazu waren beide in ihrem Innersten viel zu wund gescheuert. Sie zogen sich gegenseitig immer weiter herunter, erniedrigten einander dabei auf das Gemeinste und schadeten sich und ihrer Beziehung dadurch sehr. Da sie jedoch niemanden hatten, dem sie sich anvertrauen konnten oder wollten, schlugen sie sich ihre innere Notsituation mit voller Wucht gnadenlos um die Ohren. Bei all diesen Attacken drängte sich mir immer wieder ein Gedanke auf: *Wie wichtig ist es doch, gute Freunde zu haben!*

Das Leben der beiden hätte möglicherweise eine ganz andere Entwicklung genommen, wenn sie ihre Probleme mit *wirklichen* Freunden hätten bereden können.

Es gibt Lebenssituationen, in denen man sich ganz besonders nach einem guten Freund oder einer guten Freundin sehnt. Ich denke dabei an gute Bekannte von uns, die aus beruflichen Gründen umziehen und alles Vertraute und Liebgewordene zurücklassen mussten. Um sich wieder wohl fühlen zu können, war es für sie wichtig, am neuen Ort möglichst rasch wieder Freundschaften knüpfen zu können.

Ich denke auch an einen Bekannten von mir, der sehr krank wurde. Er bemerkte, dass ihm nur wenige Freunde geblieben waren, aber, wie er mir erzählte, wurde ihm bewusst, dass diese wenigen Freunde für ihn fast lebenswichtig wurden!

Das Fehlen echter Freundschaft oder die Enttäuschung über vermeintliche Freundschaften zeigt sich oft an verbitterten Reaktionen der Betroffenen. „Lass mich in Ruhe mit Freunden!", entgegnete mir zum Beispiel vor einiger Zeit ein Mann, den ich zu einem Vortrag zum Thema Freundschaft einladen wollte, sehr aufgebracht. „Ich hatte welche, bis ich dahinter kam, dass sie mich hintergangen und ausgenutzt haben."

Freundschaft kann unter Umständen ein Wagnis sein.

„Wir sind jetzt Freunde, stimmt's?", fragte mich ein kleines, siebenjähriges Mädchen. „Ich bin doch deine Freundin, oder?" Ich umarmte das Kind und bejahte lächelnd seine Frage. Vergnügt registrierte ich das Strahlen in seinen Augen und den zufriedenen Gesichtsausdruck. Ist es nicht erstaunlich, wie schnell Kinder neue Kontakte knüpfen können? Ihr naives Verständnis von Freundschaft rührt mich immer wieder. Während ich meiner neu gewonnenen kleinen Freundin beim Basteln zusah, geriet ich ins Nachdenken. Wie hätte ich wohl auf das Freundschaftsangebot reagiert, wenn es von einem erwachsenen Menschen gekommen wäre? Ich bin mir fast sicher: Zuerst wäre bei mir wohl ein Gefühl des Misstrauens aufgekommen. *Wo ist der Haken bei der Sache? Was führt diese Person im Schilde? Will sie mich womöglich über den Tisch ziehen? Oder besteht die Gefahr, dass sie mir ein Klotz am Bein wird?* Sicherheitshalber wäre ich wohl erst einmal auf Distanz geblieben. Niemand lässt einen Fremden mit der Unbekümmertheit eines kleinen Mädchens an sich heran! Man muss es also tatsächlich *wagen*, eine echte Freundschaft einzugehen.

Ich bin dein Freund – was könnte jemanden veranlassen, diese Worte zu sagen? Oberflächlichkeit, die nicht bedenkt, was diese Worte in mir anklingen lassen? Berechnendes Kalkül, das mich zu etwas Törichtem bewegen möchte? Oder ein wirklich aufrichtiges Interesse an mir? Im Grunde wünscht sich jeder einen guten Freund oder eine gute Freundin. Aber wir haben Angst vor Nähe, Angst vor Verletzung, Angst vor Enttäuschung; wir sind unsicher, unangenehm berührt oder sogar abwehrend, wenn sich Perspektiven eröffnen, die wir uns eigentlich aus tiefstem Herzen wünschen.

Jesus Christus sagt zu mir: „Ich bin dein Freund", aber wie meint er das? In mir melden sich Fragen und Zweifel. Meint Jesus mit Freundschaft wirklich dasselbe wie ich? Eigentlich kenne ich ihn zu wenig. Wie kann die Distanz zwischen uns überwunden werden? Außerdem sind wir sehr verschieden – ist eine echte Freundschaft zwischen uns überhaupt realisierbar? Er, der Gottessohn, und ich, der schwache Mensch. Sind das nicht zwei Gegensätze, bei denen allein schon die Vorstellung einer Freundschaft unmöglich scheint?

Es wäre eine große Hilfe, wenn es zuverlässige Informationen darüber gäbe, was eine wirkliche Freundschaft ausmacht. Wie kann ich erkennen, ob man es ernst mit mir meint? Woran kann ich einen wahren

Freund von einem falschen unterscheiden? Wie stelle ich fest, ob ich selbst freundschaftsfähig bin?

Im 15. Kapitel des Johannesevangeliums spricht Jesus darüber, was er unter Freundschaft versteht. Wie er Freundschaft mit jedem, der ihm vertraut, konkret leben möchte. Ich finde es faszinierend, die von ihm genannten Kennzeichen näher zu betrachten.

„Das alles sage ich euch, damit meine Freude euch ganz erfüllt und eure Freude dadurch vollkommen wird. Und so lautet mein Gebot: Ihr sollt einander so lieben, wie ich euch geliebt habe. Die größte Liebe beweist jemand, der sein Leben für die Freunde hingibt. Und ihr seid meine Freunde, wenn ihr tut, was ich euch aufgetragen habe. Ich nenne euch nicht mehr Knechte; denn einem Knecht sagt der Herr nicht, was er vorhat. Ihr aber seid meine Freunde; denn ich habe euch alles gesagt, was ich vom Vater gehört habe. Nicht ihr habt mich erwählt, sondern ich habe euch zu mir gerufen, damit ihr hingeht und Frucht bringt, die bleibt.
Dann wird euch der Vater alles geben, worum ihr ihn in meinem Namen bittet."
Johannes 15,11-16

Diese Worte Jesu sind für mich das Aufrichtigste und Tiefste, was ich je zum Thema Freundschaft gelesen habe. Jesus lässt uns damit wissen, wie wichtig ihm die Freundschaft mit uns ist. Er sagt ganz klar, was er für seine Freunde tut. Jesus gibt uns sieben konkrete, nachvollziehbare Kennzeichen seiner Freundschaft.

Seine Worte haben mir geholfen, alle meine zwischenmenschlichen Freundschaften besser zu verstehen und bewusster zu leben. Wer Freundschaft so konkret und vielfältig lebt, wie Jesus sie anbietet, wird erfahren, wie erfüllt sein Leben werden kann.

Erstes Kennzeichen:

Freunde teilen Freude

Das alles sage ich euch, damit meine Freude euch ganz erfüllt und eure Freude dadurch vollkommen wird.
Johannes 15,11

Markus und Tina waren zu einer Jubiläumsfeier eingeladen. Markus trug das Geschenk. Tina klingelte, und als das leise Summen des Türöffners ertönte, öffnete sie das Gartentor. Strahlend und mit ausgebreiteten Armen kam Jakob auf die beiden zu: „Das ist aber schön, dass ihr kommt!"

Nach einer herzlichen Umarmung meinte Markus fröhlich: „Wir waren angenehm überrascht über die Einladung zu deiner Jubiläumsfeier und haben uns sehr darüber gefreut."

„Natürlich wollte ich euch dabei haben! Das Fest wird nur dann richtig schön, wenn gute Freunde mit mir feiern."

„Wir wünschen dir von ganzem Herzen ein schönes Fest", sagte nun Tina und fügte mit einem Augenzwinkern hinzu: „Wir haben einen kleinen, humorvollen Beitrag vorbereitet. Meinst du, es gibt Gelegenheit ihn vorzutragen?"

„Ihr seid doch schon richtig berühmt für eure Beiträge", meinte Jakob grinsend. „Ich habe sogar gehofft, dass ihr auch für diese Feier etwas in petto habt."

„Dann mach dich auf etwas gefasst!", lachte Markus vergnügt.

Jesus möchte meine Freude

Wenn jemand seine Freude mit uns teilt, dann wünscht er sich, dass wir uns mit ihm freuen. Dieses Verlangen entdecken wir auch bei Jesus.

Jesus Christus freut sich über die tiefe Liebe zwischen *Gott* und *ihm*. Er freut sich auch über die Liebe zwischen *ihm* und *allen*, die an ihn glauben. Diese Freude will Jesus mit seinen Freunden teilen. Darum sagte er: „Das alles sage ich euch, damit meine Freude euch ganz erfüllt und eure Freude dadurch vollkommen wird."

Wer sich wie Jesus über tiefe, liebevolle Beziehungen freuen kann, wird seine Freude verstehen und teilen. Die Freude über wunderbare Beziehungen gehört sicherlich zum Wertvollsten, was wir erleben. Jesus verstärkt dies mit dem Hinweis, dass eine vollkommene Beziehung auch eine vollkommene Freude in uns auslösen wird. Vorstellen können wir uns das schon, aber Jesus wünscht seinen Freunden, dass sie dies tatsächlich mit ihm *erleben*.

Gemeinsame Freude zählt doppelt

Freude zu teilen ist eine der schönsten Möglichkeiten, Freundschaft zum Ausdruck zu bringen. Das Sprichwort „Geteilte Freude ist doppelte Freude" bringt dies auf den Punkt.

Wie schön es sein kann, Freude zu teilen, haben Carmen und Marianne in ihrer langjährigen Freundschaft immer wieder erlebt. Sie lernten sich während ihrer Ausbildung kennen. Nachdem beide verheiratet waren, trafen sie sich regelmäßig zu einem „Weiberabend", wie ihre Männer es nannten. Bei solch einem

Treffen offenbarte Carmen der Freundin: „Du, ich bin wieder schwanger."

„Das ist aber schön! Da freue ich mich!", rief Marianne begeistert und umarmte die Freundin. Dann ging sie etwas auf Abstand, sah ihre Freundin an und fragte besorgt: „Freust du dich nicht?"

„Doch", antwortete Carmen zögernd, „es ist nur, weil du dir doch auch ein Kind wünschst."

„Ach so, jetzt verstehe ich", erwiderte Marianne gerührt, „du hast dir Gedanken gemacht, wie du mir sagen sollst, dass du schwanger bist. Bitte glaube mir, ich freue mich riesig mit dir."

Nun war es Carmen, die ihre Freundin umarmte und ihr sagte: „Du, jetzt bin ich richtig froh."

„Eigentlich müssten wir das feiern", lachte Marianne. „Wozu hast du Lust? Essen, Shopping oder Spazierengehen?"

Menschen, die sich ehrlich mitfreuen können, vergessen aus Freundschaft auch einmal die eigene Situation. Sogar die eigenen Wünsche und Ziele hindern sie nicht, die Freude des Freundes zu teilen.

Auch die beiden Freunde Thomas und Niklas haben dies in einer schwierigen Lebensphase erlebt:

„Thomas, ich habe die Stelle!", rief Niklas seinem Freund schon von weitem entgegen, als er im Restaurant, in dem sie verabredet waren, eintraf. Sie waren Kollegen gewesen, bis ihr Betrieb Pleite gegangen war. Seitdem suchten beide nach einer Arbeitsstelle. Um sich gegenseitig zu motivieren, trafen sie sich immer wieder und tauschten Tipps und Erfahrungen aus.

„Die Firma, bei der ich mich vor zwei Wochen vorgestellt habe, hat mir nun tatsächlich zugesagt!" Mit diesen Worten war Niklas bei Thomas am Tisch angelangt. Die Leute an den Nachbartischen verfolgten die Szene lächelnd.

„Das sind ja wirklich gute Nachrichten!", freute sich Thomas und klopfte Niklas anerkennend auf die Schulter. „Und wie sieht es mit den Vertragsbedingungen und dem Gehalt aus?", fragte er interessiert.

„Alles eher mittelprächtig", antwortete Niklas und hob seine Schultern. „Wenn man arbeitslos ist, kann man nicht sehr hoch pokern, aber es klingt durchaus ausbaufähig."

„Trotzdem ein Grund zu feiern, oder? Lädst du einen ehemaligen Kollegen dazu ein?", scherzte Thomas.

„Aber natürlich, ich zahle heute alles", mimte Niklas lachend den erfolgreichen Gönner und breitete dabei seine Arme weit aus. Doch dann wurde er wieder etwas ernster und fragte: „Wie steht es denn mit deinen Bewerbungen?"

„Bei zwei Betrieben bin ich in der engeren Wahl", gab Thomas zur Antwort, „und es sieht bei beiden nicht schlecht aus. Aber das feiern wir, wenn es so weit ist, heute feiern wir *deinen* Erfolg."

Freunde teilen ihre Freude gern

Wenn Menschen etwas Schönes widerfährt, ist es ihnen in der Regel ein Bedürfnis, diese Erfahrungen mit Freunden bzw. mit den Menschen, deren Freundschaft sie sich erhoffen, zu teilen.

Dabei kommen mir Philipp und Mattis in den Sinn: Als Phillip seinen großen Traum mit ihm teilte, spürte der 15-jährige Mattis, wie sehr dieser sein Freund sein wollte.

Die beiden standen fasziniert vor Phillips neuem Roller. „Ist das wirklich deiner?", fragte Mattis seinen Freund ungläubig.

„Wenn ich es dir doch sage", bestätigte Philipp.

Freunde teilen Freude

„Mein Vater hat ihn mit mir gekauft. Ich habe dir doch gesagt, dass ich dafür spare."

„Schon, aber ich habe gedacht, das würde länger dauern", entschuldigte sich Mattis für seine Zweifel. „Was läuft er denn?", fragte er dann interessiert und fuhr mit seiner Hand ganz langsam über den Lenker.

„In den Papieren steht 50", antwortete Philipp, „aber ich bin noch nicht richtig damit gefahren – ich mache ja gerade erst den Führerschein."

Mattis betrachtete nun die Maschine eingehender und Phillip sah ihn nachdenklich an. „Mach doch den Führerschein mit, dann kannst du auch mal damit fahren", hörte er sich plötzlich sagen.

„Würdest du mich wirklich fahren lassen?", fragte Mattis fast ungläubig.

„Wenn du möchtest, warum nicht?", bekräftigte Phillip sein Angebot.

„Mensch, das wäre toll!", freute sich Mattis.

Echte Freundschaft möchte, dass sich der andere mitfreuen kann. Ein wirklicher Freund wird sich mit uns freuen wollen, wenn wir etwas Gutes erlebt haben, anstatt durch Bedenken und negatives Reden die Freude zu dämpfen.

Neid kann Freundschaft zerstören

Wenn wir gute Dinge erleben und darüber reden, kann dies bei unseren Mitmenschen aber auch Neid hervorrufen. Wenn jedoch Freunde in solchen Situationen neidisch reagieren, ist dies sehr bedenklich.

Eines unserer Kinder hatte eine Hürde in seiner Ausbildung sehr gut gemeistert. Voller Freude erzählten wir im Kreise unserer Freunde davon. Alle strahlten und freuten sich mit uns, als sie es hörten. Nur einer wurde blass. Schließlich sagte er, dass dies letztlich noch keine Garantie für beruflichen Erfolg sei. Wir waren sehr erstaunt über diese Reaktion. Wenige Wochen später hatte sich diese Freundschaft „auseinander gelebt“. Dazu hatten schon nichtige Kleinigkeiten ausgereicht.

Stellen wir uns eine andere Situation vor: Da kommt ein Teenager mit stolzgeschwellter Brust zu seinem Freund und verkündet glücklich, dass er endlich den heiß ersehnten Ausbildungsplatz bekommen hat. Auch hier reagiert der Freund nur mit einem knappen: „Schön für dich“ und beißt sich nervös auf die Lippen. Er kann sich nicht mitfreuen, weil er ihm den Erfolg eigentlich missgönnt.

Neidische Reaktionen unter Freunden zerstören die Freundschaft. Neid sollte uns immer nachdenklich stimmen und warnen, denn wahre Freunde teilen Freude.

Jesus Christus hilft, Freude zu teilen

Jahrelang habe ich unterschätzt, was Neid in meinen Beziehungen und in meinem Leben anrichten kann. Es gab eine Zeit, in der es in meinem Leben nicht recht vorwärts ging. Ich versuchte zu erforschen, warum ich trotz vieler Bemühungen nicht weiterkam. Immer wieder stieß ich dabei auch auf Neid. Neid, in den wir nur allzu leicht und allzu oft verstrickt sind.

Damals formulierte ich ein Gebet, das ich seitdem öfter bete: *Herr Jesus Christus, ich lebe leider noch oft in der menschlichen „Neid-Liga“. Bitte hilf mir, dass ich das hinter mir lassen kann, um in die „Freundes-Liga“ aufzusteigen.*

Ich begriff, dass in der „Neid-Liga“ nur die Zu-kurz-Gekommenen und Unzufriedenen strampeln. Sie belauern einander misstrauisch und schaden sich dadurch. Echte Hilfe können sie voneinander nicht erwarten.

Jesus Christus hat mir in diesem Bereich sehr geholfen. Zuerst half er mir, die Freude anderer Menschen intensiver mitzuerleben. Jesus möchte, dass unser Herz sich am Lachen und Strahlen unserer Mitmenschen erwärmt. Intensive Glücksgefühle erleben wir, wenn wir uns ehrlich mit einem Menschen freuen. Diese Gefühle setzen viel positive Energie in uns frei.

Dann führte mich Jesus Christus mit Menschen zusammen, die in der „Freundes-Liga" lebten. Da ich von ihm wusste, worauf ich achten muss, konnte ich diese Menschen als wirkliche Freunde erkennen. Jesus wird uns bei solchen Wünschen immer helfen, weil es sein Ziel ist, dass Freunde Freude teilen können.

Zweites Kennzeichen:

Freunde wünschen einander gute Beziehungen

Ihr sollt einander so lieben, wie ich euch geliebt habe.
Johannes 15,12

Eines Tages kam unsere kleine Kirsten weinend in mein Büro. „Die sind alle so gemein zu mir", schluchzte sie herzzerreißend. Ich ahnte, dass das Kind innerlich verletzt war. Daher unterbrach ich meine Arbeit.

„Was ist denn geschehen?", fragte ich besorgt.

Kirsten redete sich den Kummer von der Seele und endete schließlich mit dem Satz: „Deshalb habe ich meine Geschwister nicht mehr lieb."

Ich konnte sie sehr gut verstehen. Es tut weh, wenn man in seinen engsten Beziehungen keine liebevolle Behandlung erlebt. Ich überlegte, wie ich Kirsten helfen konnte, und streichelte ihr tröstend übers Haar. „Es ist sehr gut, dass du zu mir gekommen bist und alles erzählt hast", sagte ich zu ihr. „Ich verstehe gut, dass du jetzt sehr traurig bist. Aber eines möchte ich dir sagen: *Ich* habe deine Geschwister lieb. Und dich habe ich auch sehr lieb."

Ich sah, wie es in Kirstens Kopf zu arbeiten begann, und nach wenigen Momenten sagte sie großzügig: „Na gut, dann habe ich sie auch wieder lieb."

Jesus möchte positive Beziehungen

Unsere Liebe soll einen Freund oder eine Freundin nicht von seinen anderen Mitmenschen isolieren. Jesus möchte, dass alle, die an ihn glauben, mit möglichst vielen Menschen in einer guten Beziehung zueinander leben. Darum sagt er: „Und so lautet mein Gebot: Ihr sollt einander lieben, wie ich euch geliebt habe."

Es ist Jesu Wunsch, dass jeder von uns viele gute Freunde hat. Unsere Beziehung zu Jesus soll ausstrahlen auf alle Beziehungen, in denen wir leben. Durch seine Liebe will er uns helfen, auch nach Enttäuschungen und Verletzungen fähig zu bleiben, andere zu lieben.

Freunde, die Beziehungen zu anderen fördern

Sämtliche wichtigen Beziehungen eines Freundes zu fördern und zu unterstützen, ist eine gute Möglichkeit, auch die Freundschaft *zu ihm* zu festigen.

Ich freue mich deshalb sehr darüber, wenn ich merke, wie gute Freunde unsere ganze Familie in ihre Zuwendung mit einbeziehen. Wenn ich ohne meine Frau dienstlich unterwegs bin, fühlen viele unserer Freunde mit uns. Sie überlegen sich, wie sie uns für die Trennungszeit entschädigen können.

„Nimm doch diese Blumen für deine Frau mit." Mit diesen Worten drückte mir beispielsweise unsere Freundin Veronika einmal einen bunten Strauß in die Hand.

„Herzlichen Dank", sagte ich mit einem Strahlen im Gesicht. „Du hilfst mir, ein aufmerksamer Ehemann zu sein."

In manchen Lebensphasen sind Freunde eine wichtige Orientierungshilfe. Sie beeinflussen entscheidend das Verhältnis zu unseren Mitmenschen. Unsere Kinder

Freunde vermitteln zwischen Freunden

kannten während der Pubertät viele junge Erwachsene, die einen positiven Einfluss auf sie hatten. Diese Freunde halfen unseren Teenagern damals, ihre Mitmenschen besser zu verstehen. Sie fanden dadurch leichter in die Welt der Erwachsenen hinein. Wir Eltern wussten, dass unser Einfluss in dieser Lebensphase begrenzt ist. Umso dankbarer förderten wir die Freundschaften unserer Kinder.

In Konfliktsituationen ist es oft entscheidend, wie unbeteiligte Freunde reagieren. Sie können durch ihre Reaktion den Ausgang des Konfliktes beeinflussen.

Miriam und ihre Schwester Karola waren hart aneinander geraten.

„Also, mit der rede ich kein Wort mehr“, schimpfte Miriam hinterher, „die verdreht alles, was ich sage!“

„Das hat sie sicher nicht so gemeint“, beschwichtigte ihre Freundin Rita sie. „Sie hat vielleicht nicht verstanden, was du sagen wolltest.“ Rita versuchte mit viel Geduld, zwischen den beiden Schwestern zu vermitteln. Ich stand in der Nähe, sah Ritas Bemühungen und freute mich. Wie gut ist es, Freunde zu haben, die in einer spannungsgeladenen Situation kein Öl ins Feuer gießen, sondern alles versuchen, um eine Beziehung zu retten.

Freunde, die Beziehungen zu anderen fördern, sind eine wichtige Lebenshilfe. Durch ihre Unterstützung können sich Beziehungen in unterschiedlichsten Lebensbereichen positiv entwickeln.

Freunde, die Beziehungen zu anderen belasten

Freunde, die auf andere Beziehungen keine Rücksicht nehmen, stellen uns hingegen vor große Probleme. Oft machen sie ihre eigenen Belange so dringend, dass wir in Gefahr geraten, andere wichtige Beziehungen zu vernachlässigen.

So war es bei Eddie und Martin. Ihre Familien wohnten nahe beieinander und kannten sich gut. Weil sie im selben Betrieb arbeiteten und beide mit dem Bus nach Hause fuhren, kam es oft vor, dass sie sich im Bus trafen.

„Du, Martin!", meinte Eddie einmal während einer dieser gemeinsamen Fahrten. „Sollen wir wirklich schon durchfahren? Wir könnten doch einen Zwischenstopp einlegen, ein Bier trinken und dann mit dem nächsten Bus heimfahren."

„Ob uns wohl ein Bier genügt?", hinterfragte Martin den Vorschlag lächelnd. Dann wurde er ernst und antwortete: „Nein, ich kann heute nicht mitkommen. Anna wartet schon auf mich."

„Ach komm, sei nicht so", bedrängte ihn Eddie. „Deine Frau wird das verstehen. Mit ihr kannst du heute noch lange zusammen sein. Man sollte sich in einer Beziehung auch etwas Freiheit gönnen."

Martin spürte, wie Eddie versuchte, ihn mit seinen Worten weich zu kneten. Und plötzlich wurde ihm klar, dass Menschen wie Eddie ihren Freunden die Entscheidungsfreiheit nehmen wollen.

Zwei andere Freunde, Bernd und Thorsten, diskutierten in einer ähnlichen Situation sehr intensiv miteinander:

„Thorsten, ich kann heute wirklich nicht. Ich habe meinen Eltern versprochen, ihnen zu helfen", beteuerte Bernd und sah dabei den Freund flehend an.

„Ach, die werden das verstehen", bearbeitete Thorsten ihn. „Eine gute Begründung wird uns schon noch einfallen. Die Chance, ein solches Konzert zu erleben, kommt so schnell nicht wieder."

Bernd wand sich und überlegte, wie er aus dieser

problematischen Situation herauskommen konnte. Nach einer Pause sagte er dann etwas resigniert: „Du erwartest von allen anderen viel mehr Verständnis, als du selbst aufbringst!"

Freunde, die kein Verständnis aufbringen, aber ständig Verständnis von anderen erwarten, sind ein großes Problem. Ihr Unverständnis kann sich belastend auf unsere anderen Beziehungen auswirken.

Beziehungen werden auch belastet, wenn Freunde negativ mit mir über meine Mitmenschen reden. Manchmal ist dieses negative Reden sogar in Schmeicheleien verpackt und wir bemerken es kaum. So erlebte es beispielsweise Kim mit ihrer Freundin Margit, als diese zu ihr sagte: „Also, mit dir kann man wunderbar reden. Du hörst zu, denkst gründlich nach und gibst Antworten, mit denen man etwas anfangen kann – so ganz anders als dein Mann. Ich bewundere dich dafür, wie du mit ihm umgehst. Ich hätte wahrscheinlich große Probleme mit ihm. Er ist ganz anders als du."

Kim gab zunächst keine Antwort. Ihr kam in den Sinn, dass genau über diese Sorte Schmeicheleien etwas in der Bibel steht: „Wer andere mit schmeichelnden Worten umgarnt, breitet ein Fangnetz vor ihren Füßen aus" (Sprüche 29,5).

Kim wusste, manche Fangnetze sind so fein, dass man sie fast übersieht. Sie antwortete darum kurz und abschließend: „Du hast Probleme mit meinem Mann? Wie gut, dass er *mich* geheiratet hat!"

Es ist wichtig, wie meine Freunde mit mir über meine Mitmenschen sprechen. Ein wirklicher Freund wird nicht negativ über Menschen sprechen, die mir wichtig sind, weil er meine Beziehungen nicht belasten möchte.

Freundschaft kann weitere Beziehungen unmöglich machen, wenn sie besitzergreifend und von Eifersucht geprägt ist. Oft gibt es innerhalb einer Gruppe von Freunden noch „exklusive“ Freundschaften, die für die anderen weitgehend verschlossen bleiben. Diese Freundschaften werden irgendwann für die ganze Gruppe zu einem Problem. Einmal hörte ich ein Beispiel, wie ein solcher Konflikt in einer Gruppe sehr offen diskutiert wurde:

Anne und Judith waren lange Jahre die besten Freundinnen. Beide gehörten zu derselben Clique. Die anderen aus dieser Clique nannten die beiden nur „die Kletten“.

Dann kam Silke in die Gruppe. Oliver hatte sie mitgebracht. Silke fühlte sich unter den Leuten wohl und so blieb sie. Mit der Zeit lernte sie Anne immer besser kennen und die beiden verstanden sich. Sie redeten viel und lange miteinander und hatten in vielen Dingen eine ähnliche Haltung.

Judith beobachtete dies alles mit wachsendem Argwohn. Sie versuchte immer wieder, sich in die Gespräche zwischen Anne und Silke einzumischen. Es gelang ihr aber nicht sehr gut. Oft sprachen Anne und Silke über Dinge, die Judith nicht besonders interessierten. Die eifersüchtige Freundin wurde immer gereizter und eines Tages platzte es vor den anderen aus ihr heraus: „Diese falsche Schlange hat mir meine Freundin weggeschnappt!“

Nun begann eine intensive Auseinandersetzung innerhalb der Gruppe. Manche verstanden Judith in ihrer Enttäuschung und ihrem Ärger. Andere stellten sich auf die Seite von Silke und Anne. Es begann eine leidenschaftliche Diskussion darüber, was Freundschaft eigentlich sei. Sie sprachen über Treue und Freiheit, über Liebe und Eifersucht. Oliver war es, der dann irgendwann fragte: „Sind Freunde denn unser persönlicher Besitz oder dürfen sie auch andere freundschaftliche Beziehungen haben?"

Freundschaft als Zweckbündnis

Etliche Menschen sehen in ihren Freunden wichtige Verbündete gegen alle, die eine Bedrohung für ihre eigenen Interessen darstellen. Schon im Kindergarten suchten sie solche Verbündete, um bei alltäglichen Reibereien stärker zu sein. In der Teenagerclique suchten sie Verbündete, um ihren Einfluss zu stärken. Im Erwachsenenalter suchen sie dann Verbündete, um eine höhere soziale Stellung in der Gesellschaft zu erringen. Für solche Menschen ist das wichtigste Ziel einer Freundschaft das Durchsetzen der eigenen Interessen.

Wenn Mike sich mit jemandem anfreundete, fragte er sich immer zuerst, inwiefern diese Freundschaft ihm nützlich sein konnte. Er ging zum Beispiel lange Jahre mit Julius in dieselbe Schulklasse. Julius war eher ruhig und zurückhaltend, Mike hingegen agil und sehr gesprächig. In der Klasse gab Mike oft den Ton an und Julius bestätigte seine Worte durch Zwischenbemerkungen oder kräftiges Kopfnicken. Bald kamen sie dahinter, dass zwei, die geschickt zusammenarbeiten, die Entscheidungen der Klasse sehr gut beeinflussen konnten. „Wir sind eben ein starkes Team", meinte Mike oft lachend, wenn er seinen Standpunkt mit Julius' Hilfe wieder einmal durchgesetzt hatte.

Sie dachten, sie seien Freunde – unzertrennliche Freunde. Bis es in der Klasse um eine Reise ging, die man gemeinsam unternehmen wollte. Der Lehrer hatte mehrere Möglichkeiten vorgeschlagen. In der Klasse wurde sehr intensiv über diese Vorschläge diskutiert. Mike war für die interessanteste, aber auch teuerste Reise und vertrat seine Meinung wie immer sehr vehement. Seine Eltern verdienten gut und konnten ihm diese Reise finanzieren. Julius pflichtete seinem Freund zuerst in gewohnter Manier bei. Als in der Diskussion dann aber die Preise verglichen wurden, verstummte Julius und sagte nichts mehr. Der Lehrer vertagte die Diskussion mit den Worten: „Redet mit euren Eltern über die verschiedenen Möglichkeiten. Informiert sie auch über die Kosten. In drei Wochen sollten wir zu einer Entscheidung kommen."

In der Pause sprachen Mike und Julius über die Reise. Mike wiederholte noch einmal seine Worte, die er schon in der Klasse gesagt hatte. Julius sah schweigend zu Boden. Das fiel Mike natürlich auf und er fragte: „Warum hast du mich heute nicht unterstützt?"

„Mike", sagte Julius jetzt leise, „meine Eltern können die teure Reise wahrscheinlich nicht bezahlen." Bei diesen Worten schaute er zur Seite, als wollte er den Blicken von Mike entgehen.

„Aha, daher weht also der Wind!", rief Mike entrüstet. „Und du glaubst, deshalb fahre ich nach Hintertupfingen? So viel Geld ist es doch wirklich nicht. Jede normale Familie kann das locker aufbringen."

Julius sagte nichts dazu. Er beobachtete in der Folgezeit aber kritischer, wie Mike mit den Interessen seiner Mitmenschen umging. Julius selbst sah plötzlich die Interessen seiner anderen Mitschüler mit neuen Augen und bemühte sich, eine eigene Meinung zu vertreten.

Freundschaften, die reine Zweckbündnisse sind, um die eigenen Interessen durchzusetzen, finden sich in sehr vielen gesellschaftlichen Gruppen. Solche Freundschaften bauen meist auch Gräben und Wälle anders denkenden Menschen gegenüber. Wer dazugehören möchte, denkt irgendwann nur noch wie seine eigene Fraktion. Er kann anderen Menschen nicht mehr vorbehaltlos begegnen.

Eine Freundschaft ist offen für alle

Wie verhält sich eine Freundschaft zu unseren anderen Beziehungen? Diese Frage ist sehr wichtig, weil falsche Einstellungen weitere gute Beziehungen belasten oder sogar verhindern können. Darum sagt Jesus: „Ihr sollt einander lieben, wie ich euch geliebt habe." Jesus möchte eine Freundschaft mit mir leben, die meine Mitmenschen liebevoll mit einbezieht.

Dieses umzusetzen war für mich besonders am Anfang meiner Beziehung zu Jesus Christus nicht leicht. Wenn wir gewohnt sind, unsere Beziehungen auf bestimmte Art und Weise zu leben, übertragen wir diese Gewohnheiten zuerst auch auf jede neue Beziehung. Wir wünschen, dass Jesus Christus uns hilft, dass wir gegenüber unseren Mitmenschen bestehen können. Oft denken wir sogar, wenn er *mir* beisteht, verhilft er seiner eigenen Sache zum Sieg. Dennoch dachte ich auch immer wieder darüber nach, wie seine Liebe zu meinen Mitmenschen fließen kann.

Durch ein Gespräch mit Peter und Heike kam ich auf eine neue Spur. Die beiden erzählten voller Freude und Dankbarkeit von ihren vier Kindern. Doch dann verfinsterte sich Peters Miene und er sagte: „Aber mit Salome haben wir oft Probleme. Manchmal ist sie sehr verschlossen, dann wieder drängt sie sich mit negativem Verhalten in den Vordergrund. Sie verpetzt ihre Geschwister und redet kritisch oder negativ über sie.

Teilweise wird sie sehr schwierig und alle leiden unter ihren Launen. Wir fragen uns, warum sie das tut."

Auch Heikes Gesicht wurde bei Peters Worten ernst und nachdenklich fügte sie hinzu: „Es ist, als wollte sie uns immer beweisen, dass sie unser bestes Kind ist, und dies doch nie schafft. Als ob sie nicht glauben könnte, dass wir sie lieb haben, so wie sie ist."

Ich habe noch lange über die Worte von Heike nachgedacht. Ist Salomes Problem nicht manchmal die Not von uns allen? Wir möchten allen zeigen, dass wir gute Menschen sind, und es wird uns unbehaglich, wenn uns dies misslingt.

Ganz neu begriff ich den Zusammenhang der Worte Jesu: „Ihr sollt einander so lieben, *wie ich euch geliebt habe.*" Ich fragte mich ernsthaft: Sind wir unsicher im Umgang mit unseren Mitmenschen, weil wir uns der Liebe und Freundschaft Jesu zu wenig gewiss sind?

Jesus war sich der Liebe Gottes ganz gewiss, und darum konnte er seine Beziehung zum Vater im Himmel für alle Menschen öffnen. Die Liebe zwischen ihm und dem Vater wurde für alle Menschen der Weg zu Gott.

Wenn ich mir der Liebe und Freundschaft Jesu gewisser werde, wird auch mehr Liebe zu meinen Mitmenschen fließen. Diese Erkenntnis hat viele Beziehungen in meinem Leben stark beeinflusst.

Manchmal werde ich um Hilfe gebeten, wenn Konflikte in Familien oder Gruppen auftreten. Meistens erwarten die Hilfe Suchenden von mir Unterstützung für *ihre* Interessen oder *ihren* Standpunkt. Seit ich um den Zusammenhang von Geliebtwerden und Liebenkönnen weiß, haben sich meine Ratschläge verändert. Ich versuche, meinen Freunden Gewissheit darin zu vermitteln, dass Jesus sie in ihrer Situation sehr liebt. Dann rede ich mit ihnen darüber, wie wir mit Jesu Hilfe ihre Kontrahenten gewinnen können. Nicht alle verstehen das sofort, aber vielen fällt es daraufhin leichter, zu positivem Denken und Handeln zurückzufinden.

Oft rede ich vor vielen Menschen. Früher bat ich Jesus vor meinen Ansprachen um Hilfe, um vor so vielen kritischen Zuhörern bestehen zu können. Seit ich um den Zusammenhang zwischen Geliebtwerden und „Sich-für-Liebe-öffnen-können" weiß, ist meine Haltung am Rednerpult eine andere.

Ich erzähle den Menschen öfter von der Liebe Jesu zu *mir*. Von seiner Gegenwart in *meinem* Leben. Ich sage den Zuhörern auch, dass Jesus *sie* liebt und darum zu *ihnen* sprechen möchte.

Es ist befreiend für uns alle, wenn wir in der Liebe, die Christus schenkt, miteinander reden. Einem liebenden Freund hören Menschen gerne zu und sie werden offen für eine ganz neue Beziehung zu Gott.

Drittes Kennzeichen:

Freunde investieren sich

Die größte Liebe beweist jemand, der sein Leben für die Freunde hingibt.
Johannes 15,13

Als ich mal wieder auf einer Vortragsreise war, besuchte ich meinen guten Freund Sebastian. Wir sehen uns nicht oft, freuen uns aber über jede Begegnung. Auf meine Frage, wie es ihm ginge, antwortete Sebastian nicht sofort.

Er überlegte kurz und sagte schließlich: „Inzwischen wieder gut. Weißt du, ich lag vor kurzem im Krankenhaus."

„War es etwas Ernstes?", wollte ich wissen.

„Eigentlich ja, aber weniger für mich. Jemand aus unserer Familie hat Leukämie. Wir wurden alle getestet und mein Knochenmark passte. Im Krankenhaus wurde mir dann ein Teil meines Knochenmarkes entnommen, um es dem Kranken einzupflanzen."

„War die Entnahme denn nicht mit Risiken verbunden?", fragte ich weiter.

„Doch schon", antwortete Sebastian, „mit all den Risiken, die eben jede Operation mit sich bringt, und für eine kurze Zeit war ich auch etwas müder und schwächer als sonst. Aber das habe ich gerne auf mich genommen, wenn ich damit nur helfen kann."

Nun trat eine Pause ein, in der jeder von uns beiden seinen Gedanken nachhing. Ich war innerlich sehr aufgewühlt und musste diese Nachricht erst verarbeiten, bevor ich weiterreden konnte.

Sebastian holte tief Luft und sagte dann leise, aber betont: „Weißt du, ich würde das sofort wieder tun. Nicht nur für meine Geschwister, sondern für jeden Freund, eigentlich für jeden Menschen."

Ich fand diese Haltung beeindruckend. Sebastian redete nicht nur, sondern handelte, und zwar sehr selbstlos.

Das Leben investieren

Das Beispiel meines Freundes erinnerte mich an die Worte von Jesus Christus: „Die größte Liebe beweist jemand, der sein Leben für die Freunde hingibt." Selbstlose Liebe ist für Jesus Christus ein wichtiges Kennzeichen aufrichtiger Freundschaft.

Selbstlos liebende Freunde investieren sich füreinander. Sie investieren ihre Zeit, ihr Geld, ihre Kraft und ihr Mitgefühl, wenn sie vom anderen gebraucht werden.

Jesus Christus will uns durch seine Worte daran erinnern, dass er als selbstlos liebender Freund sein Leben für alle Menschen investiert hat. Er hat nicht nur davon *geredet*, sondern seine Liebe durch aufopfernde Taten *bewiesen*. Für seine Freunde tauschte er ein herrliches, problemloses Leben gegen Demütigungen und Leiden, ein Leben ohne Schuld gegen den Tod als Verbrecher. Wenn Christus nicht sein Leben für uns investiert hätte, könnte kein Mensch Gottes Liebe erleben.

Menschen, die selbstlos lieben

Selbstlose Freunde, die uns in Notsituationen helfen, nehmen sehr oft einen besonderen Platz in unserem Herzen ein. Gerne denken wir an Situationen in unserem Leben, in denen wir das erlebt haben. Manche solcher selbstlosen Handlungen von lieben Mitmenschen haben sich tief in unsere Erinnerungen eingegraben. Auch nach Jahrzehnten sind sie uns noch gegenwärtig.

Als ich noch ein Kind war, musste unsere Familie sparen, um über die Runden zu kommen. Hin und wieder kam ein Minizirkus oder ein Kasperletheater in unser Dorf. Natürlich wollte ich als Kind unbedingt mit meinen Freunden zu diesen Vorstellungen. Wenn ich dann mit diesem Wunsch zu meinen Eltern kam, mussten sie ihn so manches Mal ablehnen. Enttäuscht besuchte ich in einer solchen Situation schon einmal meine Großmutter und erzählte ihr ganz aufgelöst von meinem großen Problem. Sie besaß auch nur wenig Geld, aber meistens gab sie mir den nötigen Betrag für den Eintritt und noch einen Zehner für ein Eis extra. Durch meine gesamte Kindheit blieb meine Oma für mich der Inbegriff einer sehr großzügigen Freundin.

Durch selbstlose Taten können aus normalen Beziehungen tiefe, langjährige Freundschaften werden. Freunde, die in wichtigen Situationen eine selbstlose Stütze sind, erlangen damit unser besonderes Vertrauen.

Wir mussten als Familie öfter umziehen. Eine Umzugsfirma konnten wir uns aus finanziellen Gründen nicht leisten, darum mieteten wir einen Lastwagen und legten selbst Hand an. Während der Vorbereitung unseres ersten großen Umzuges fragte mich mein Freund Uli: „He, braucht ihr Hilfe?"

„Mit dem Abbauen und Einladen hier wird das sicher kein Problem", antwortete ich ihm, „aber am neuen

Wohnort kennen wir noch niemanden. Dort werden wir lange brauchen, bis wir alle Dinge ausgeladen haben."

„Du, ich kann freinehmen und mitfahren", bot er daraufhin spontan an. „Das wäre doch sicher eine Hilfe für euch."

„Sicher wäre das eine große Hilfe", überlegte ich laut und fügte dann sofort hinzu, „aber wir können es eigentlich nicht annehmen, dass du so viel Zeit investierst."

„Das lass nur meine Sorge sein", antwortete er sehr bestimmt. „Ihr könnt mit mir rechnen." Und er hielt Wort. Uli hat alle unsere Umzüge als treuer Helfer begleitet. Er nahm sich frei, reiste bei uns an, half beim Verladen, fuhr den Lastwagen, räumte mit uns den Hausrat ins neue Heim und reiste anschließend wieder nach Hause. Unsere Kinder nannten ihn noch lange ihren „Umzugsonkel".

Erinnerungen an selbstlose Freunde sind für jeden Menschen ein kostbarer Schatz. Viele positive Gefühle werden in uns wach, wenn wir an solche Freunde und ihr liebevolles Handeln denken.

Gedankenlosigkeit unter Freunden

Aber nicht alle Freunde sind in schwierigen Situationen eine wirkliche Hilfe. Die Gründe dafür sind sehr vielfältig.

Manche Freunde haben überhaupt nicht vor, in besonderen Situationen für uns da zu sein. Sie begrenzen ihre Freundschaft bewusst oder unbewusst auf ganz bestimmte Bereiche des Lebens.

Dazu fällt mir Bernd aus meinen Kindertagen ein. Mein Freund Bernd klingelte oft an unserer Haustüre.

Freunde investieren sich

Die Frage, die er mir stellte, war immer dieselbe: „Kommst du heraus zum Spielen?“

Manchmal konnte ich mitgehen, aber oft musste ich antworten: „Nein, Bernd, ich kann jetzt nicht. Ich habe noch kein Hasenfutter geholt. Und danach muss ich noch alle unsere Hasen füttern. Wenn ich das bis heute Abend nicht erledigt habe, bekomme ich Ärger.“

Bernd hörte sich meine Antwort ruhig an und meinte dann: „Gut, aber wenn du fertig bist, dann kommst du. Ich bleib solange hier und spiele mit den anderen.“ Nie wäre es Bernd in den Sinn gekommen, mir zu helfen, damit wir länger miteinander spielen konnten. Für ihn war ich sein Freund, aber eben nur zum Spielen.

Manche Menschen möchten für ihre Freunde da sein, wenn diese sie brauchen. Ist es dann aber so weit, bemerken sie deren Not nicht wirklich oder gehen oberflächlich damit um. Oberflächlichkeit und Gedankenlosigkeit von Freunden kann in Notsituationen sehr wehtun. Etliche Menschen, die schwere Schicksalsschläge erlitten hatten, berichteten mir, dass die Gedankenlosigkeit mancher Freunde ihre Situation noch problematischer gemacht hätte.

Ein Familienvater, der zu einem Zeitpunkt in der Vergangenheit in seiner Familie viel Schweres erlebt hatte, sagte zu mir: „In unserer damaligen Situation waren die gut gemeinten Ratschläge mancher Freunde oft wie Schläge für uns.“

Ich verstand ihn sehr gut. Vorschnelle Ratschläge, die einem unter Umständen in schwierigen Situationen gegeben werden, können wie Hiebe auf eine verwundete Seele einschlagen. Der leidende Freund ist nach solchen „Schlägen“ in seiner Not noch einsamer.

Missbrauchte Selbstlosigkeit

Vielleicht das Schwierigste, das uns in einer Freundschaft widerfahren kann, ist der Missbrauch unserer Selbstlosigkeit. Manche Menschen wurden von Freunden schamlos ausgenutzt, in eine schwierige Situation gebracht und dann im Stich gelassen. Tiefe Gefühle der Einsamkeit und nachhaltige Verunsicherung sind oft die Folgen einer solchen negativen Erfahrung. Das Vorbild von Chris, von dem ich im Folgenden erzählen will, kann uns helfen, solche schweren Erfahrungen auszusprechen und zu verarbeiten.

„Wisst ihr, was mir mit einem langjährigen Freund passiert ist? Das glaubt mir niemand!", so begann Chris im kleinen Kreis zu erzählen. Die vier jungen Männer saßen nach einer ausgedehnten Wanderung beim Abendbrot beieinander und erzählten. Aber anders als sonst bestimmten heute nicht Scherze und Anekdoten ihr Gespräch. Irgendeiner hatte ehrlich und offen eine Begebenheit aus seinem Leben erzählt, danach ein zweiter, dann ein dritter. Schließlich hatte auch Chris den Mut gefasst, sein Erlebnis preiszugeben. Nach seinen ersten Worten sah er die anderen der Reihe nach an und erzählte dann weiter.

„Mein ehemaliger Freund Richard machte immer irgendwelche Geschäfte. Manchmal hatte er viel Geld und bezahlte alles für mich. Ein anderes Mal war er blank, dann bezahlte eben ich. Das war nie ein Problem zwischen uns, weil wir wirklich gute Freunde waren. Einmal kam Richard zu mir und sagte, er habe das Geschäft seines Lebens in Aussicht, aber er müsse dazu zuerst eine große Summe vorstrecken. Die Bank wollte ihm das Geld nicht geben, es sei denn, er fände jemanden, der dafür bürgen würde. Natürlich fragte er mich. Ich wollte zuerst nicht, aber er hat tagelang auf mich eingeredet, bis ich schließlich mit ihm zur Bank gegangen bin und unterschrieben habe. Leider war das Geschäft eine Luftnummer. Mein lieber Richard beteuerte natürlich, man habe ihn hereingelegt, aber ich solle mir keine Sorgen machen, beschwichtigte er mich sofort, er würde das Geld schon auftreiben. Er hat es bis heute nicht aufgetrieben und weil er kein Geld hat, muss ich seinen Kredit Monat für Monat zurückbezahlen. Meinen so genannten Freund habe ich seitdem nicht wieder gesehen. Dass er ein bisschen leichtsinnig ist, habe ich immer gewusst. Aber eine solche Gemeinheit hätte ich bei ihm nie für möglich gehalten. Am meisten regt mich auf, dass ich so dumm sein konnte, diese Bürgschaft zu unterschreiben."

Im Kreis war es immer stiller geworden. Als Chris seine Erzählung beendet hatte, wirkten seine letzten Worte noch nach. Schließlich sagte jemand: „Wenn du für jemanden viel riskierst, weil du ihm als Freund vertraust, und er dich dann so linkt, das ist hart."

Von einem Freund missbraucht zu werden, trifft jeden Menschen. Meistens ist die Vertrauensbasis danach so nachhaltig gestört, dass eine Freundschaft kaum mehr möglich ist.

Nach solchen Erfahrungen empfinden viele ähnlich wie beim Tod eines lieben Menschen – sie spüren eine sehr tiefe Traurigkeit.

Diese Traurigkeit wird nach einiger Zeit vielleicht abklingen. Was aber leider oft bleibt, ist die Wut auf den Freund. Sie wird bei manchen Menschen fast noch übertroffen von der Wut auf sich selbst, weil man so blind war, auf ihn hereinzufallen. Aber Wut und Hass binden uns negativ an Menschen. Wer aus einer solchen Situation ohne bleibenden seelischen Schaden wieder frei werden möchte, muss vergeben lernen. Sich selbst und dem anderen vergeben zu können ist nach solchen Erfahrungen für jeden Menschen ungeheuer wichtig.

Von Freunden im Stich gelassen oder egoistisch behandelt zu werden trifft jeden Menschen sehr tief. Nach negativen Erfahrungen werden wir Freunden gegenüber vorsichtiger. Eine große Gefahr ist, dass wir nach Enttäuschungen mit bestimmten Menschen in allen unseren Beziehungen misstrauisch und berechnend werden. Solches Misstrauen steigert sich leider bei einzelnen Menschen bis zur Unfähigkeit, neue Beziehungen einzugehen.

Ich kam einmal mit einem Mann ins Gespräch. Er war um die 60 Jahre alt. Der erste Satz, den er an mich richtete, war: „Ich habe keine Freunde, denn ich durchschaue alle. Mir kann keiner etwas vormachen." Er erzählte mir von etlichen negativen Erfahrungen mit Freunden. Er redete laut und bestimmt. Sehr erregt berichtete er von Menschen, die sich als seine Freunde „ausgegeben" hatten, und erzählte triumphierend, wie er sie alle durchschaut und entlarvt hatte.

Ich versuchte, seinen Redefluss zu unterbrechen. Freundlich sagte ich zu ihm: „Ich verstehe Ihre Haltung. Aber warum glauben Sie, dass alle Menschen so sind? Ich kenne auch Menschen, die mir immer gute Freunde waren."

Nach meinen Worten wurde er noch lauter und wiederholte seine Anschuldigungen. Dieser Mensch war gefesselt in seiner Haltung und verbaute sich damit die Möglichkeit, neue, positive Beziehungen zu erleben.

Nicht viele Menschen verrennen sich so weit in tiefes Misstrauen ihren Mitmenschen gegenüber. Aber nach jeder negativen Erfahrung mit Freunden besteht die Gefahr, dass wir weiter blockiert werden. Nach jedem enttäuschenden Erlebnis fällt es schwerer, in einer neuen Beziehung Vertrauen zu wagen.

Enttäuschungen durch egoistische Menschen können unser Vertrauen, unseren Mut und unsere Hoffnung stark erschüttern. Aber die selbstlose Liebe eines einzigen Freundes kann neues Vertrauen, neuen Mut und neue Beziehungsstärke in unser Leben zurückbringen.

Wenn ich enttäuschten und verletzten Menschen zuhöre, kommt mir oft der Gedanke: *Dieser Mensch braucht einen Freund – einen zuverlässigen, selbstlosen Freund.* Dann erzähle ich diesen Menschen von Jesus Christus, von seiner selbstlosen Liebe und seinem Freundschaftsangebot.

Auch bei Sandra hatte ich diesen Gedanken, darum sprach ich mit ihr über die selbstlose Liebe Jesu.

Sandra war zu einer Vortragsreihe gekommen und hatte schon mehrere Abende aufmerksam zugehört. An einem Abend kam sie dann auf mich zu und meinte: „Ich möchte gerne mit Ihnen reden. Ist das möglich?"

Wir setzten uns etwas abseits, dann begann sie zögernd zu berichten: „Meine Eltern hatten eine schwierige Ehe. Schließlich zerbrach unsere Familie und ich wuchs bei einer Tante auf. Das Leben dort war in Ordnung, aber es gab wenig Liebe. Vielleicht ist das der Grund dafür, dass ich früh geheiratet habe. Ich suche immer wieder verzweifelt nach Freunden, die mir helfen können, und frage darum viele Menschen um Rat. Aber jeder rät mir etwas anderes und niemand hilft mir wirklich. Ich habe große Ängste und sie werden immer schlimmer. Ich mache mir Sorgen, dass ich noch meine Arbeit verliere."

An dieser Stelle unterbrach ich Sandra und fragte: „Denken Sie manchmal, dass Sie weniger wert sind als Ihre Mitmenschen?"

„Ja, ständig", antwortete sie spontan. „Immer denke

ich, jeder andere ist klüger, stärker und liebenswerter. Schon als Kind habe ich alles getan, damit mich meine Freunde nur ein bisschen lieb hatten."

„Wissen Sie, aus meiner Perspektive kann ich das kaum verstehen", sagte ich etwas verwundert zu ihr. „Ich sehe vor mir einen sehr sensiblen, klugen und angenehmen Menschen. Sie haben trotz eines sehr schwierigen Starts und vieler Rückschläge nie aufgegeben. Sie sind anderen gegenüber offen geblieben, und das macht sie sehr sympathisch. Warum denken Sie dennoch, dass Sie weniger wert sind als andere?"

„Schauen Sie doch mein Leben an", gab Sandra resigniert zur Antwort. „Mein Leben ist voller Probleme."

„Glauben Sie, dass Jesus Christus uns Menschen bei unseren Problemen helfen möchte?", fragte ich sie nun.

„Ja, das glaube ich", antwortete sie sofort und fügte nach einer kleinen Pause hinzu: „Ich gehe manchmal zur Kirche und habe auch schon in der Bibel gelesen."

Sandras Antwort hatte mir viel Mut gemacht, darum erklärte ich weiter: „Dann sollten Sie auch verstehen, dass Jesus für all das gelitten hat, was Ihr Leben belastet und bedroht, und dass er dafür gestorben ist. Christus will Sie von allem befreien, was in Ihrer Familie und in all Ihren anderen Beziehungen vorgefallen ist. Alles, was Menschen Ihnen angetan haben, und alles, was Sie selbst verkehrt gemacht haben – davon will Jesus Sie befreien. Er hat sich für Sie geopfert und für alle Schuld mit seinem Blut bezahlt. Er hat sie bezahlt mit seinem Tod, um Ihnen zu zeigen, dass er Ihr Freund ist."

„Mein Freund?", fragte Sandra verwundert.

„Ja, weil er Ihr selbstloser Freund sein will, hat er sein Leben gegeben", bestätigte ich ihr. „Bedeutet dies etwas für Sie?"

Sandra dachte lange nach und sagte dann ganz ruhig: „Wenn Jesus das alles für mich getan hat, dann ist dies nicht zu überbieten. Dann muss mein Leben in seinen Augen sehr wertvoll sein."

„Ja, das ist es", bekräftigte ich ihre Worte, „und wenn Sie ihm vertrauen, werden Ihre Mitmenschen eines Tages spüren, wie wertvoll Ihr Leben wirklich ist."

Ihre Augen begannen zu strahlen. Wir beteten miteinander. Sandra bat Jesus um Vergebung und begann eine neue Beziehung mit Christus.

Sie hat an diesem Abend erlebt, was die Worte Jesu für sie bedeuten: „Die größte Liebe beweist jemand, der sein Leben für die Freunde hingibt."

Selbstsüchtige Menschen können viele Probleme in unser Leben bringen. Aber ein einziger Freund, der wirklich selbstlos liebt, bringt neues Vertrauen, neuen Mut und neue Beziehungsstärke in unser Leben zurück.

Viertes Kennzeichen:

Freunde hören und handeln

Und ihr seid meine Freunde, wenn ihr tut, was ich euch aufgetragen habe.
Johannes 15,14

„Nun ist es schon wieder Mitternacht geworden“, bedauerte unsere Freundin Corinna nach einer lebhaften Unterhaltung, „dabei wollte ich diesmal früher gehen, damit ihr rechtzeitig ins Bett kommt.“ Verlegen lächelnd fügte sie hinzu: „Ich weiß nicht, woran es liegt, dass wir beim Reden kein Ende finden ...“

„Natürlich hätte ich auch Lust, noch lange weiterzureden“, antwortete ich schmunzelnd, „denn zu Ende ist unser Gespräch sicher noch nicht. Aber du hast Recht, wir sollten es hier unterbrechen und ein anderes Mal weiterreden. Aber nur, weil wir alle den Schlaf brauchen.“

Zufrieden und erfüllt dachte ich am nächsten Morgen über den anregenden Abend nach. Was machte unsere Gespräche mit Corinna so wertvoll?

Dass wir aufrichtig miteinander reden können? Dass jeder dem anderen wirklich interessiert zuhört? Dass wir einander gerne um Rat fragen? Dass jeder gegebene Tipp vom anderen sehr ernsthaft erwogen wird? Dass wir uns sehr intensiv auf die Gedanken des anderen einlassen?

Ja, die Summe all dessen könnte es sein. Sie lässt unsere Freundschaft mit Corinna so wertvoll werden.

Ich empfinde große Dankbarkeit für das kostbare Geschenk dieser Freundschaft.

Zu einer Freundschaft gehören mindestens zwei

Eine Freundschaft besteht aus mindestens zwei Partnern, die freiwillig und gerne in ihre Beziehung investieren. Jesus spricht diesen wichtigen Punkt mit folgenden Worten an: „... ihr seid meine Freunde, wenn ihr tut, was ich euch aufgetragen habe."

Auf den ersten Blick wirken die Worte Jesu einseitig fordernd. Lange verstand ich nicht, was Jesus damit meint. Im Zusammenhang mit dem vorhergehenden Satz wurde mir die Bedeutung dann viel klarer. Dort sagt Jesus: „Die größte Liebe beweist jemand, der sein Leben für die Freunde hingibt." Jesus gibt sein Leben für alle Menschen. Er beweist sich dadurch als ihr Freund. Aber wenn Jesus *mir* gegenüber wie ein Freund handelt, ist es noch nicht selbstverständlich, dass ich auch *seiner* bin.

Darum fügt Jesus diesen weiteren Gedanken hinzu: „... ihr seid meine Freunde, wenn ihr tut, was ich euch aufgetragen habe." Sein großer Wunsch ist es, dass ich auch *sein* Freund bin. Jesus sagt damit so viel wie: „Meine Freunde erkenne ich daran, wie gut sie mir zuhören und wie sie dann handeln."

Ein kleines Beispiel soll den Unterschied verdeutlichen: Rolf wollte bei seinem Freund Heinz, dem Fleischermeister, Wurst kaufen. Wie alle Menschen wollte er dabei gerne etwas Geld sparen. Darum wandte er sich an Heinz und sagte: „Heinz, du bist doch mein Freund, da könntest du mir doch die Wurst zum halben Preis geben."

Der Fleischer, ein ruhiger und besonnener Mann, war

überrascht. Er überlegte zunächst und antwortete schließlich: „Dir die Wurst zum halben Preis geben? Ja, Rolf, wenn ich das tun würde, wäre das vielleicht ein Zeichen dafür, dass ich dein Freund bin. Aber wenn du *mein* Freund wärst und über die Menge an Arbeit und meine Auslagen ein wenig nachdächtest, würdest du wahrscheinlich freiwillig mehr bezahlen."

Das Geschenk des Gebens und Nehmens

Es ist gut, Freunde zu haben, mit denen wir Geben und Nehmen leben können. Durch solche Freunde kommt Hilfe, Wertschätzung und gesunde Balance in unser Leben.

Ich war für ein paar Tage zu Gast in einer Familie und hatte der siebenjährigen Tochter Jana ein kleines Geschenk mitgebracht. Das Mädchen nahm das Geschenk fröhlich an und begann, damit zu spielen. Während der gemeinsamen Mahlzeiten unterhielt ich mich gerne mit der fröhlichen, aufgeweckten Jana. Nach ein paar Tagen trat ich meine Rückreise an und verabschiedete mich von der Familie. Jana überreichte mir zum Abschied ein selbst gemaltes Bild.

„Das ist ein schönes Bild", sagte ich, „vor allem so schön bunt. Bist du das Kind darauf?"

„Ja", strahlte Jana, „das bin ich beim Spielen mit deinem Geschenk. Das habe ich für dich gemalt!"

„Oh, da freue ich mich aber sehr", entgegnete ich gerührt. „Weißt du, daran merke ich, dass wir schon richtig dicke Freunde geworden sind."

Fröhlich schauten wir einander an, denn wir hatten uns verstanden. Unser Geben und Nehmen war freiwillig geschehen, aus eigenem Antrieb. Darum hat es uns beide froh und glücklich gemacht.

Es ist dabei nicht so wichtig, wie unterschiedlich in Größe oder Wert die Dinge sind, die wir geben oder empfangen. Ich hörte zum Beispiel einmal von zwei Freunden, Peter und Tom, die sich regelmäßig zum Mittagessen trafen. Peter hatte immer genug Geld. Wenn er Tom zum Essen einlud, gingen sie regelmäßig in ein gutes Restaurant. Tom musste sparen und bereitete für Peter öfter ein kleines Picknick vor. Dies servierte er dann an unterschiedlichen, interessanten Plätzen. Beide freuten sich immer sehr auf ihr gemeinsames Essen. Gerade diese Unterschiedlichkeit machte es für Peter und Tom besonders attraktiv. In dieser Freundschaft gab jeder, was er hatte und konnte. Und genauso selbstverständlich und dankbar wurde es vom anderen angenommen.

Sehr oft erlebe ich, dass Menschen, die nicht viel haben, gerne geben. Es erfüllt sie mit Stolz und Freude, wenn jemand ihre Gabe dankbar annimmt. Manchmal ist es auch wichtig, einen Menschen daran zu erinnern, was er uns schon gegeben hat, damit es ihm leichter fällt, eine notwendige Hilfe anzunehmen. Die Lebensumstände eines Freundes können sich ändern und dadurch auch die Frage, ob er der Gebende oder der Nehmende ist. So war es auch bei meinem Freund Klaus.

„Jetzt habe ich aber ein schlechtes Gewissen", gestand er mir einmal nach einem längeren Gespräch.

„Warum?", fragte ich.

„Weil ich dir die ganze Zeit den Kopf voll jammere mit meinen Problemen und nicht einmal gefragt habe, wie es dir geht."

„Oh, danke, gut", entgegnete ich nun schmunzelnd. Dann schaute ich Klaus fest in die Augen. „Erinnerst du dich, Klaus, dass ich vor einigen Wochen zu dir kam, als ich in einer sehr verzwickten Sache nicht weiterwusste? Was hast du damals getan? Du hast mir zugehört, du hast mit mir nachgedacht und mir einen wohl überlegten Rat gegeben."

„Ja, ich erinnere mich ..."

„Na, siehst du, heute war ich mit Zuhören dran, weil du jemanden gebraucht hast. So ist es unter Freunden, und ich finde das gut so!"

Ich bin dankbar für einen Freund wie Klaus. Denn je nachdem, wie es die persönliche Lebenssituation erfordert, sollten gute Freunde geben oder nehmen können.

Es ist gut für alle Beteiligten, wenn unter Freunden sowohl Geben wie auch Nehmen situationsgerecht aus freien Stücken gelebt wird.

Freunde, die nie zuhören

Beziehungen, in denen das nicht geschieht, sind selten von Dauer. Wir Menschen ahnen, dass einseitige Beziehungen nicht gesund sein können. Darum halten wir meistens nicht daran fest. Manchmal tun wir es aber dennoch und geraten dadurch in kritische Situationen.

So war es einer Frau ergangen, mit der ich darüber ein längeres Gespräch führen konnte. Sie war eine stille, sensible Person und hatte Probleme mit Unsicherheit und Minderwertigkeitskomplexen. Wir sprachen über etliche Situationen ihres Lebens. Nach einiger Zeit fragte ich sie: „Haben Sie Freunde?"

„Ja", antwortete sie freudig, „und nicht wenige."

„Wie verlaufen die Gespräche zwischen Ihnen und Ihren Freunden?", wollte ich wissen.

„Oh, sehr gut, das sind alles sehr interessante Menschen und sie erzählen mir viel aus ihrem Leben."

„Erzählen Sie bei Gesprächen mit Ihren Freunden auch aus Ihrem Leben?"

Die Frau senkte ihren Kopf, schüttelte ihn kurz und meinte dann leise: „Kaum. Was habe ich schon zu erzählen? In meinem Leben gibt es nicht viel Spannendes."

Ich versuchte, ihr Mut zu machen: „Jedes Leben ist spannend genug, um guten Freunden daraus zu erzählen. Sie sollten das unbedingt einüben."

Freunde, die sich für unser Leben interessieren, die zuhören und nachfragen, sind wichtig für unser Selbstwertgefühl. Wer selten erlebt, dass Menschen ihm gerne zuhören, findet irgendwann nichts Erwähnenswertes mehr an sich.

Oft begegnen mir gute Bekannte, die unbedingt etwas erzählen müssen und ihren Bericht mit den Worten schließen: „Du, ich habe jetzt leider keine Zeit mehr. Ich wollte dir das aber unbedingt mitteilen. Das nächste Mal musst du mir unbedingt sagen, was du so machst."

Menschen, die immer wie ein Wirbelwind an unserem Leben vorbeibrausen, sollten wir nicht zu unseren Freunden zählen. Wer nur seine Neuigkeiten unters Volk bringt, aber selbst nie zuhört, nimmt seine Mitmenschen nicht wahr.

Der kluge Christoph hatte dies begriffen. Als Manuel ihn nach einem Monolog ihres gemeinsamen Bekannten Frieder fragte: „Was wollte Frieder von dir?", antwortete Christoph nur grinsend: „Oh, nichts Persönliches, wenn Frieder seine Geschichte noch vielen erzählt, schafft er es vielleicht, sie in die 20-Uhr-Nachrichten zu bringen."

Freunde hören zu

Freunde, die passiv bleiben

Manche Menschen stehen ihrer eigenen Entwicklung im Wege, weil sie in ihren Beziehungen immer passiv bleiben. Je länger diese Passivität andauert, desto belastender kann sie sich auf die Beziehungen auswirken.

Susanne gehörte zu einem kleinen Chor, dessen Mitglieder nach dem Üben gerne noch ein wenig beieinander saßen. Meistens trafen sie sich in den verschiedenen Wohnzimmern oder Hobbykellern der Sänger. „Können wir nicht auch mal zu euch gehen?", fragte Susanne an Birgit und Horst gewandt. „Mir ist aufgefallen, dass wir bei jedem schon öfter gewesen sind, nur bei euch noch nie."

Etwas verlegen und zögernd antwortete Birgit: „Im Prinzip ginge das schon, aber wir haben so selten Gäste. Ihr könnt das alle viel besser als wir."

Eine kurze, aber heftige Diskussion entstand in der Gruppe. Marion meinte: „Gute Freunde sind nicht so kritisch. Jeder macht alles so gut er kann und wahrscheinlich würden sich alle bei euch sehr wohl fühlen."

Markus wiederum versuchte Birgit und Horst beizustehen und meinte: „Niemand sollte zu etwas überredet werden, das er nicht tun möchte. Unter Freunden kann man das akzeptieren."

Weil das Gespräch nun sehr heikel wurde, mochte niemand die beiden Standpunkte abschließend klären.

Einige Tage später stellten sich Susanne und Markus noch einmal die Frage: „Mit welchem Verhalten hilft man seinen Freunden auf Dauer mehr?" Nach längerem Gespräch wurde aber beiden klar, dass diese Frage nicht leicht zu beantworten ist. Es hängt vieles davon ab, ob passive Menschen aktiv werden *möchten*.

„Einbahnbeziehungen"

Eine Freundschaft, in der nur einer wie ein echter Freund zuhört und handelt, ist eine „Einbahnbeziehung". Solche Beziehungen sind für alle Beteiligten auf Dauer keine Hilfe. Derjenige, der nur gibt, wird sich mit der Zeit immer mehr überfordern. Dies kann zu Überlastung und Schuldgefühlen bis hin zu innerem Ausbrennen führen.

Derjenige, der nur nimmt, verlässt sich mehr und mehr auf den Freund. Er wird sich selbst immer weniger zutrauen und dadurch möglicherweise mutlos und antriebsschwach werden.

Es ist wichtig, solche Tendenzen in Freundschaften frühzeitig zu erkennen. Je länger eine Freundschaft als Einbahnbeziehung gelebt wird, umso gravierender sind die Folgen für alle Beteiligten.

Wer tiefe Freundschaft erleben möchte, muss in seinen Beziehungen wie ein Freund hören und handeln. Vielen Menschen ist das nicht bewusst, weil sie nur ihre eigenen Wünsche und Bedürfnisse sehen.

Max, mit dem ich eine Zeit lang viel unternahm, sagte eines Tages offen zu mir: „Ich mache das alles sehr gern mit dir, aber erwarte nicht von mir, dass ich etwas in unsere Freundschaft investiere."

Als der erste Schock über diese Aussage von Max in mir abgeklungen war, dachte ich noch lange darüber nach. Vielleicht stimmt es, dass viele Menschen so etwas nie sagen würden, aber nicht wenige handeln so. Eine solche Haltung belastet jede Freundschaft und kann in eine ungesunde „Einbahnbeziehung" hineinführen.

Ein Freund, der hört und handelt

Freundschaft wird nur lebendig, wenn die Partner aufeinander hören und als Freunde handeln. Wir alle suchen und brauchen einen Freund, mit dem wir eine solche Beziehung leben können.

Eines Tages begriff ich, dass ich so jemanden schon seit Jahren kannte. Ich las die Worte Jesu und bezog sie auf mich: „... du bist mein Freund, wenn du tust, was ich dir sage." Und ich begriff, dass Jesus keine „Einbahnbeziehung" mit mir leben möchte. Christus will mit mir zusammen wichtige Dinge entwickeln und in dieser Welt voranbringen. Aber dazu braucht er einen zuverlässigen Freund, dem er wichtige Projekte anvertrauen kann. Einen Freund, der ihm genau zuhört und Dinge in seinem Sinn umsetzt.

Dies war für mich ein ganz neuer Gedanke. Er erfüllte tagelang mein Inneres. Immer wieder betete ich in diesen Tagen: *Jesus, ich möchte dir auch ein Freund sein. Ich möchte lernen, auf dich zu hören, und jedes deiner Worte ernst nehmen. Ich möchte tun, was du sagst, weil du mein Freund bist und ich dir auch ein Freund sein möchte.*

Wenn wir so beten, wird die Teamarbeit mit Jesus Christus sehr konkret. Jesus wartet auf solche Gebete und vertraut seinen Freunden als Antwort wichtige Projekte an.

Vor einiger Zeit erlebte ich selbst, wie gut es ist, dass Jesus in dieser Welt Menschen hat, die hören und tun, was er sagt.

Ich wollte eine neue, wichtige Arbeit beginnen, war aber in meinem Kopf total blockiert. Natürlich versuchte ich mich zu konzentrieren, es gelang mir aber nicht, meine Gedanken von diesem schwierigen Problem zu lösen.

Am selben Tag war unsere Freundin Corinna zu Besuch in der Nachbarschaft. Sie wollte schon weiterfahren, als sie einem spontanen Impuls folgend an unserer Haustüre klingelte. Wir konnten meine belastenden Gedanken gemeinsam mit Jesus Christus besprechen. Danach sah ich vieles klarer und konnte gut an meinem Projekt weiterarbeiten.

Corinna ist eine Freundin, von der ich weiß, dass sie ganz bewusst auf Jesus Christus hören möchte und tun will, was er ihr sagt. Es ist gut für uns, solche Menschen als Freunde zu haben.

Fünftes Kennzeichen:

Freunde teilen Wissen

Ich nenne euch nicht mehr Knechte;
denn einem Knecht sagt der Herr nicht, was er vorhat.
Ihr aber seid meine Freunde; denn ich habe euch alles gesagt, was ich vom Vater gehört habe.
Johannes 15,15

„Fast 35 Jahre lang habe ich junge Menschen unterrichtet", sagte mein alter Lehrer so langsam und ruhig, als ob er diese ganzen Jahre an seinem inneren Auge vorbeiziehen ließe.

„Das ist eine lange Zeit", pflichtete ich ihm bei und fragte dann: „Bestimmt war es manchmal schwer, oder nicht?"

Er lächelte und sagte: „Ich habe es immer gerne getan. Es war schön, jungen Menschen zu helfen, gut in das Leben hineinzufinden, um etwas Einzigartiges daraus zu machen. Mit manchen Schülern und Schülerinnen habe ich immer noch Kontakt. Wir sind mit den Jahren richtige Freunde geworden."

„Aber es gab doch sicher auch Enttäuschungen, oder?", fragte ich etwas kritisch nach.

„Ja, natürlich", antwortete er. „Manche haben nicht begriffen, dass sie für ihr eigenes Leben lernen. Einzelne haben das bis heute nicht verstanden und begegnen jedem, der etwas Neues an sie heranbringt, wie einem Feind."

„Wie sollte aus Ihrer Sicht heute das Verhältnis zwischen Menschen sein, damit sie gut voneinander lernen?", fragte ich und schaute ihn gespannt an.

„Ich denke, sie sollten fast Freunde sein", antwortete er. „Ja, Freunde, die ihr Wissen miteinander teilen."

Jesus teilt sein Wissen mit uns

Wenn zwei Personen einander ihr Wissen mitteilen, verringert dies den Abstand zwischen ihnen. Wer sein Wissen teilt, möchte kein Gefälle und keine Abhängigkeiten schaffen, sondern eine echte Partnerschaft aufbauen. Darum geht es Jesus, wenn er sagt: „Ich nenne euch nicht mehr Knechte; denn einem Knecht sagt der Herr nicht, was er vorhat. Ihr aber seid meine Freunde; denn ich habe euch alles gesagt, was ich vom Vater gehört habe."

Jesus informiert seine Freunde über Gottes Gedanken und Pläne. Er macht sie damit zu seinen Vertrauten, die er in alles einweiht. Jesus teilt sein Wissen von Gott mit den Menschen und gibt ihnen damit die Möglichkeit, seine Freunde zu sein.

Wissen zu teilen vertieft eine Freundschaft

Wir alle kennen Menschen, die uns über Wissenswertes informieren möchten. Oft empfinden wir diese Mitteilungen als Hilfe, manchmal aber auch als Zumutung. Unsere innere Einstellung zu Personen entscheidet oft mit, wie wir deren Informationen aufnehmen.

Mit Freunden teilen wir unser Wissen meistens gerne. Wir helfen einander, den Alltag besser zu bewältigen, indem wir uns gegenseitig über wichtige Dinge informieren.

Das folgende Telefongespräch könnten wir darum fast überall mitgehört haben:

„Du suchst doch gute, günstige Kleidung für die Kinder", fragte Helga ihre Freundin Sabine, kaum dass diese den Hörer abgenommen hatte, und redete sofort weiter: „Ich habe gestern eine ganz tolle Kinderboutique entdeckt. Die Auswahl dort ist sehr gut und die Qualität und die Preise sind wirklich super. Du solltest unbedingt mal dorthin."

„Du klingst ja total begeistert. Hast du etwas Neues gekauft?", fragte Sabine interessiert.

Helga lachte hell auf und sagte: „Du kennst mich ja, wenn ich etwas Schönes und Günstiges sehe, kann ich kaum widerstehen. Wir können auch zusammen hingehen und gemeinsam stöbern."

„Wann hast du Zeit?"

„Geht es bei dir übermorgen, vielleicht am Vormittag?"

Zwischen Freunden werden im Alltag viele solche Informationen ausgetauscht. Die meisten werden als geeignete Lebenshilfe gerne angenommen.

Vor wichtigen Entscheidungen halten wir manchmal nach Freunden Ausschau, die uns mit ihrem Wissen helfen können, eine Situation zu erhellen. Wenn wir spezielle Informationen von einem Freund brauchen, sind wir dankbar, wenn dieser sein Wissen mit uns teilt.

Auf solche Hilfe hoffte auch Richard, als er seinen Freund Fred anrief: „Hallo, Fred. Hier ist Richard, gut dass ich dich erreiche. Vielleicht wunderst du dich, dass ich dich anrufe, obwohl wir uns erst gestern im Gottesdienst gesehen haben, aber ich habe mich in der Firma beworben, in der du arbeitest, und einen Termin für ein Vorstellungsgespräch bekommen."

„Das ist doch wunderbar. Für welche Abteilung hast du dich denn beworben?", fragte Fred interessiert.

„Für den Verkauf. Kennst du dort jemanden?"

„Ja, einige Male hatte ich mit dem Abteilungsleiter dort zu tun. Er scheint ein kompetenter Mann zu sein."

„Du, Fred, vielleicht kannst du verstehen, dass mir jetzt eine Menge Fragen im Kopf herumschwirren. Wer von der Firma wird bei meinem Vorstellungsgespräch dabei sein? Welche Schwerpunkte werden in eurer Firma gesetzt? Was erwartet mich in dieser Abteilung?"

„Richard, ich helfe dir gerne, wenn ich kann. Vielleicht sollten wir uns in den nächsten Tagen in Ruhe zusammensetzen und über dein Vorstellungsgespräch reden."

„Das würdest du tun, Fred? Das wäre eine große Hilfe für mich!"

Richard war froh, dass er Fred angerufen hatte. Durch die Informationen von Fred würde ihm sicher manches klarer werden.

Wissen zu teilen kann viel mehr sein, als angenehme Lebenshilfe im Alltag zu geben oder bei besonderen Entscheidungen Licht ins Dunkel zu bringen. Wissen zu teilen kann zu einer Frage des Überlebens werden und es kann an die Substanz gehen.

Lisa hatte Ingo auf einem schweren Weg begleitet und erzählte mir, wie sie ihm nach seiner Krebsdiagnose das erste Mal begegnete. Sie saß mir gegenüber. Ihr Blick war auf mich gerichtet, aber ihre Augen schienen nach innen zu schauen, als ob sie beim Berichten nichts übersehen wollte. Dann begann sie langsam zu sprechen: „Ich erlebe beruflich sehr oft solche Situationen, und doch hatte ich beim Klingeln an Ingos Tür ein flaues Gefühl im Magen. Als ich Ingo jedoch sah und reden hörte, wurde ich plötzlich sehr froh, bei ihm zu sein. Er empfing mich mit den Worten: ‚Schön, dass du so schnell gekommen bist, Lisa. Bitte komm herein.'
Ingo unterstreicht solche Worte gewöhnlich mit einer

einladenden Geste. Sie wirkte diesmal müder als sonst, war mir aber dennoch sehr vertraut.

Er schien sehr gefasst zu sein, darum hatte ich Mut, seine Situation anzusprechen. ‚Als ich deine E-Mail bekam, hatte ich natürlich keine Ruhe mehr und wollte so schnell wie möglich mit dir sprechen', sagte ich zu ihm. Stockend begann er zu antworten: ‚Ich wusste nach dieser Diagnose einfach nicht, an wen ich mich wenden sollte. Und dann dachte ich an dich. Du bist Ärztin, darum habe ich dir alles geschrieben.' Bei seinen letzten Worten sah er mich Hilfe suchend an und ich begriff, wie sehr er mich brauchte.

Ich erwiderte seinen Blick, und obwohl ich aufgewühlt war, versuchte ich mit ruhiger Stimme zu reden: ‚Es ist gut, dass du mir geschrieben hast. Wenn du möchtest, werde ich mit dir darüber nachdenken, welche Schritte jetzt für dich wichtig sind.' Ingo hatte mich die ganze Zeit über angesehen, als wollte er ergründen, was ich dachte. Dann wich die Spannung aus seinen Augen, er lehnte sich zurück und lächelte mir zu, als er sagte: ‚Ich habe gehofft, dass du mir hilfst. Für mich kommt alles sehr überraschend. Ich beginne erst jetzt, über meine Situation nachzudenken. Ich meine, weil du mich gut kennst, kannst du als Ärztin mir sicher manch wichtigen Hinweis und Rat geben.'"

Wenn Menschen ihr Wissen miteinander teilen, festigen und vertiefen sie ihre Beziehung. Sie zeigen einander, dass sie sich mögen und gerne miteinander leben. Sie merken, dass sie füreinander da sind und sich aufeinander verlassen können. Sie erleben wachsendes Vertrauen, steigende Wertschätzung und persönliche Hilfe.

Dagegen nehmen wir vorenthaltenes Wissen in engen Beziehungen oft als Misstrauen, Geringachtung oder unterlassene Hilfeleistung wahr. In nicht wenigen Beziehungen kommt es durch das Verschweigen von wichtigen Neuigkeiten immer wieder zu großen Spannungen.

In solch einer Spannung befand sich Rita, als sie wütend auf ihren Mann Ludwig zukam. „Warum hast du mir nichts gesagt?“, fragte sie vorwurfsvoll und sah ihn mit zornig funkelnden Augen an.

„Was denn?“, entgegnete dieser ahnungslos.

„Dass Friederike und Paul schon letzten Sonntag ihr Kind bekommen haben!“ Rita wurde immer wütender und lauter. „Ich habe heute bei Friederike angerufen. Sie dachte, ich wolle gratulieren, und ich wusste von nichts. Und dann hat sie mir noch erzählt, du wüsstest es schon seit Dienstag. Sie war ziemlich erstaunt, dass du es mir nicht gesagt hast. Du hast uns durch dein Verhalten wirklich in eine unmögliche Situation gebracht.“

„Ich wollte es dir ja sagen“, versuchte Ludwig sich zu entschuldigen, „aber dann habe ich es vergessen. Das kann doch mal passieren.“

„Vergessen“, entrüstete sich Rita nun noch mehr. „Nein, ich glaube, es war dir einfach nicht wichtig genug, sonst hättest du es nicht vergessen. Meine Freunde und ich sind dir nicht wichtig genug!“

Rita empfand die Vergesslichkeit ihres Mannes immer mehr als Gleichgültigkeit ihr gegenüber.

In anderen Situationen halten Menschen Informationen, die Freunden helfen könnten, *bewusst* zurück. Manchmal sind vergangene Verletzungen der Grund dafür. Ich muss dabei an Jonas denken, der eines Tages zu seinem Freund Rainer sagte: „Ich hätte dir das sagen können ...“

„Was hättest du sagen können?“, fragte Rainer nach.

„Dass diese Software nichts taugt. Ich hatte sie auf meinem Computer auch installiert und hatte nur Probleme damit.“

„Und warum hast du es mir nicht gesagt? Du hättest mir damit viel Ärger und Zeit ersparen können.“

„Nun, da wäre ich mir nicht so sicher.“

„Warum?“, hakte der Freund nach.

„Vielleicht hättest du es wieder einmal besser gewusst. Erinnerst du dich? Bei einem der letzten Spiele, die du dir gekauft hast, habe ich dich auch gewarnt und du hast es trotzdem installiert.“

„Aber damit hatte ich keine Probleme“, warf Rainer verwundert ein.

„Und darum habe ich mir gedacht“, erklärte Jonas unbeirrbar weiter, „du wirst diesmal noch weniger auf meine Warnung hören, und habe nichts gesagt.“

Jetzt war es Rainer, der sich gereizt zeigte: „Darf ich mich vielleicht noch selbst entscheiden, ob ich einen Rat von dir annehme, oder sind deine Ratschläge absolut bindend für mich?“

„Natürlich darfst du selbst entscheiden, aber ich gebe auch nicht gerne Ratschläge, die niemand hören will“, rechtfertigte sich Jonas.

„Gut“, entgegnete Rainer und wurde langsam wieder ruhiger, „das kann ich akzeptieren, aber dann sollten wir das Thema jetzt beenden, denn es hinterher besser gewusst zu haben, hilft niemandem mehr.“

Wer sein Wissen mitteilt, aber feste Erwartungen damit verbindet, kann oft enttäuscht werden. Summieren sich solche Enttäuschungen, werden sie zu einer großen Belastung in der Beziehung.

Ein guter Freund teilt sein Wissen, gibt aber dann genügend Freiraum für eigene Entscheidungen.

Missbrauchtes Wissen

Noch gravierender ist es, wenn ein Freund Wissen um persönliche Dinge des anderen missbraucht. Ein solcher Vertrauensbruch kann tief verletzen – und diese Wunden heilen meist nur langsam.

Nicht selten geschieht ein solcher Vertrauensbruch, wenn wir in einer emotional geführten Auseinandersetzung unbedingt Recht behalten möchten. In einer solchen Situation musste Hermann miterleben, wie sein Freund Gunther ihre Beziehung schwer belastete: In ihrer Männergruppe galt es, ein Problem zu lösen. Obwohl die Männer, darunter auch die Freunde Hermann und Gunther, lange darüber gesprochen hatten, konnten sie sich über das Wie nicht einig werden. Die Diskussion verlief zuerst freundschaftlich, aber in der Sache gab keiner nach. Trotz verschiedener Anläufe erreichten sie keine Einheit. Hermann und Gunther waren schon seit Jahren eng befreundet, aber in dieser Situation waren sie plötzlich die Wortführer für die unterschiedlichen Standpunkte in der Gruppe. Die Freunde kämpften immer verbissener gegeneinander. Es gelang ihnen weder, den jeweils anderen zu überzeugen, noch, seine Argumente entscheidend zu entkräften. Als Gunther keine Argumente mehr hatte, schaute er erregt in die Runde und rief: „Hermann, erinnerst du dich? Vor Jahren hast du auch in einer ähnlichen Angelegenheit gekämpft und damals ist es schief gegangen. Du bist wie immer unbelehrbar."

Hermann wusste, worauf Gunther anspielte. Nur er als sein Freund hatte damals zu ihm gestanden. Nun war ihm, als hätte ihn jemand niedergeschlagen. Wie Gunther die damalige Situation heute sah und anwandte, brachte ihn derart aus der Fassung, dass er völlig verstummte. Mehr als das aktuelle Problem beschäftigte ihn nun die Frage: „Zerstören wir gerade unsere Freundschaft oder war sie im Grunde schon kaputt?“ Hermann fühlte sich von Gunther entblößt und zur Schau gestellt, von seinem Freund, dem er jahrelang vertraut hatte.

Wenn Freunde persönliches Wissen für ihr Machtstreben missbrauchen, fühlen wir uns wie von aller Welt verraten.

Besonders wenn wir einen solchen Verrat in jungen Jahren erleben, so wie die 13-jährige Michaela, trifft es unsere Seele tief. In der Schule waren Ruth und Michaela eng befreundet. Oft spielten die Freundinnen nachmittags miteinander und redeten über alles, was sie beschäftigte. Eines ihrer Lieblingsthemen war die Schule und dabei besonders ihre Lehrer und Mitschüler.

„Franziska gibt immer furchtbar an, findest du nicht auch?“, fragte Ruth ihre Freundin während eines gemeinsamen Streifzugs. Franziska war eine selbstbewusste Wortführerin in ihrer Klasse.

„Doch, das finde ich auch“, pflichtete Michaela ihr bei, „nur im Freibad, da hört man kaum etwas von ihr, weil sie wie eine bleierne Ente schwimmt.“

Die beiden Freundinnen plauderten noch den ganzen Nachmittag vergnügt miteinander. Zwei Tage später kam Franziska im Pausenhof auf Michaela zu. Sie baute sich mit Ruth und einem weiteren Mädchen vor ihr auf und sagte: „So, ich gebe also überall furchtbar an, nur im Freibad nicht, weil ich schwimme wie eine bleierne Ente!? Du, eines möchte ich dir sagen: Besser als du schwimme ich allemal.“

Michaela wollte vor Scham im Erdboden versinken. Sie sah Ruth an, aber diese schwieg und schaute grinsend zur Seite.

Enttäuscht und beschämt ging Michaela weg. Ruth hatte sie verraten, um ein paar Pluspunkte bei Franziska zu bekommen. Hatte sie sich in Ruth getäuscht? War Ruth nun ihre Freundin oder war sie es nie gewesen?

Wissen kann trennen oder zusammenführen

Eine bekannte Redewendung lautet: „Wissen ist Macht". Wissen kann dazu eingesetzt werden, die eigene Wichtigkeit und Überlegenheit gegenüber meinem Mitmenschen zu unterstreichen. Durch überlegenes Wissen kann ich andere Menschen beherrschen und zu meinen „Dienern" machen.

Diese Haltung ist das Gegenteil von dem, was es eigentlich heißt, Wissen zu teilen, nämlich den anderen auf meine Augenhöhe zu bringen. Wissen zu teilen soll mein Gegenüber in die Lage versetzen, bedachte eigene Entscheidungen zu fällen.

Wie jemand sein Wissen im zwischenmenschlichen Zusammenleben anwendet, ist daher ein Gradmesser für seine Beziehungsfähigkeit, es zeigt, ob er ein wahrer Freund ist.

Lernen von einem Freund

Jesus sagt in Johannes 15,15, dass er sein Wissen mit seinen Freunden teilt: „Ich nenne euch nicht mehr Knechte; denn einem Knecht sagt der Herr nicht, was er vorhat. Ihr aber seid meine Freunde; denn ich habe euch alles gesagt, was ich vom Vater gehört habe."

Wenn ich mit Jesus Christus über Gott und das Leben rede, lerne ich von einem Freund. Diese Tatsache ist für mich sehr wichtig. Ein Freund lehrt mich, weil er mich schätzt und mich fördern möchte. Wenn Jesus sein Wissen mit mir teilt, festigt und vertieft er unsere Beziehung. Er macht mich zu seinem Freund, dem er seine Geheimnisse anvertraut.

In einer guten Beziehung macht es Freude, Wissen zu teilen. Von Jesus zu lernen, hat für mich nie etwas Erniedrigendes oder Einengendes. Das Wissen Jesu führt mich in die endlose Welt Gottes und eröffnet tiefste Einsichten in das reale Leben. Alles Wissen, das Jesus Christus mir gibt, setzt in meinem Leben gute Entwicklungen in Gang.

Einer meiner Herzenswünsche ist, dass ich immer mehr und unmittelbarer von ihm lernen darf.

Sechstes Kennzeichen:
Freunde helfen zum Erfolg

Nicht ihr habt mich erwählt,
sondern ich habe euch zu mir gerufen,
damit ihr hingeht und Frucht bringt, die bleibt.
Johannes 15,16

Ein junger Mann im Rollstuhl saß vor mir und lächelte mich an: „Ich möchte gerne mit Ihnen reden, ist das möglich?", fragte er.

„Aber ja, natürlich", antwortete ich ihm. „Kommen Sie mit. Im Nebenzimmer können wir ungestört reden."

Im Nebenzimmer angekommen, sagte er dann als Erstes: „Wir können doch du sagen, ich heiße Robert. Dein Vortrag hat mir richtig gut getan. Weißt du, seit meinem letzten MS-Schub sitze ich im Rollstuhl."

„Ich bin Mathias", antwortete ich. „Ich freue mich, dass du mit mir reden willst."

Wir unterhielten uns lange – über seine Krankheit, seine Ängste, seine Hoffnung und seinen Glauben. Wir kamen uns dabei innerlich sehr nahe und erlebten ein schönes Miteinander.

Ich war eine Woche lang in Roberts Gemeinde und hielt dort jeden Abend Vorträge. Am nächsten Abend lud ich meine Zuhörer am Ende des Vortrages ein: „Wenn Sie möchten, können wir über offene Fragen reden. Ich spreche sehr gerne mit Ihnen. Wir werden uns gut verstehen."

In diesem Moment richtete sich Robert, so weit er

konnte, in seinem Rollstuhl auf, schaute lächelnd in die Runde und sagte mit lauter Stimme: „Das ist wahr. Es ist gut, mit ihm zu reden. Ich habe gestern mit ihm gesprochen und wir haben uns sehr gut verstanden."

Die meisten schmunzelten in diesem Moment über Robert. Aber viele haben durch seine spontane Reaktion Mut gefasst und mit mir über ihre Fragen und ihr Leben gesprochen. Die Vortragsabende wurden ein Erfolg und Robert war der Freund, der für mich die Türe dazu aufgestoßen hatte.

Jesus will mein Leben fruchtbar machen

Warum suchen wir die Freundschaft eines Menschen? Warum suchen andere unsere Freundschaft? Manche Freunde finden sich, weil sie sich einfach sympathisch sind, andere, weil sie gemeinsam Spaß haben können. Oft suchen Menschen sich auch Freunde, weil sie einsam sind oder Hilfe brauchen.

Jesus Christus sagt in Johannes 15,16a, dass er meine Freundschaft sucht, damit mein Leben fruchtbar wird:

„Nicht ihr habt mich erwählt, sondern ich habe euch zu mir gerufen, damit ihr hingeht und Frucht bringt, die bleibt."

Er wählt mich als seinen Freund, um mein Leben sinnvoller zu machen. Frucht ist das natürliche Ziel jedes Lebens. Jeder Mensch hat das Ziel, etwas Bleibendes zu hinterlassen. Und das wünscht sich Jesus für seine Freunde. Ihr Leben soll sich nachhaltig, bleibend, ewig im Geschehen der Schöpfung Gottes auswirken.

Jesus Christus wählt mich als seinen Freund, damit mein Leben Auswirkungen hat, die ewigen Bestand haben.

Erfolg ist ein natürliches Ziel unserer Bemühungen

Was Jesus mit dem umfassenden Begriff „Frucht bringen“ beschreibt, bezeichnen wir meist etwas verkürzt mit „erfolgreich sein“.

Jeder Mensch steht in Bereichen seines Lebens immer wieder vor wichtigen Herausforderungen. Wie die meisten Menschen wünsche ich mir natürlich, dass meine Bemühungen Erfolg haben und ich meine Ziele erreiche. Etwas Bleibendes zu hinterlassen oder, mit anderen Worten: Frucht zu bringen und somit erfolgreich zu sein, ist ein sehr elementarer Wunsch, der tief in unserer Persönlichkeit verwurzelt ist. Vermutlich ist der Wunsch nach persönlichem Erfolg im Menschen oft stärker als die Sehnsucht nach Freundschaft. Weil viele Menschen versuchen, um jeden Preis erfolgreich zu sein, zerbrechen ihre Beziehungen.

Freunde, die uns zum Erfolg mithelfen, finden wir nicht oft. Und darum sind sie sehr kostbar. Erfahrungen mit Freunden, die ihren eigenen Erfolg nicht an die erste Stelle gesetzt haben, können sehr motivieren. Ein Freund, der auch meinen Erfolg wünscht, wird ein sehr wichtiger Partner auf meinem Lebensweg.

Steffi und Maren waren in derselben Abiturklasse. Maren war eine erfolgreiche Schülerin, während Steffi mehr Mühe hatte. Ein halbes Jahr vor den Abiturprüfungen wurde Steffi ernsthaft krank. Erst wenige Wochen vor den Prüfungen konnte sie wieder in die Schule. Maren, die sich schon während der Krankheit öfter um Steffi gekümmert und sie besucht hatte, fragte ihre Freundin: „Möchtest du die Prüfungen trotzdem mitschreiben?“

„Ja, eigentlich schon“, antwortete Steffi, „ich glaube aber nicht, dass ich eine Chance habe, sie zu bestehen.“

„Und wenn ich dir beim Lernen helfe?“, fragte Maren.

„Du hast doch selber auch Prüfungen“, meinte Steffi. „Das ist zu viel Stress für dich!“

„Ich denke, ich schaffe das“, widersprach ihr Maren bestimmt, „und außerdem geht es bei mir höchstens um ein paar Zehntel, bei dir aber darum, dass du bestehst. Komm, wir machen einen Plan, wann wir was lernen!“

Die beiden jungen Frauen lernten gemeinsam für die Prüfung und erfuhren dabei, wie stark eine solche Situation zwei Menschen verbinden kann.

In vielen Lebensbereichen ist es wichtig, gute Freunde zu haben, die in kritischen Situationen weiterhelfen. Besonders im Arbeitsleben geht vieles leichter, wenn wir auf solche Hilfe hoffen können. Darum habe ich mich immer gefreut, wenn ich in meinem Betrieb auf ein positives Beispiel traf: Ich arbeitete über 15 Jahre in verschiedenen Druckereien und lernte dabei interessante, aber sehr unterschiedliche Menschen kennen. Manche Mitarbeiter schätzten einen persönlichen Umgang. Besonders auf Herrn Winter, einen stets freundlichen Kollegen, traf dies zu. Er arbeitete in einer anderen Abteilung als ich, aber wenn wir uns trafen, wechselten wir gerne ein paar persönliche Worte. Als wir einmal miteinander vor dem Fahrstuhl warteten, sagte er zu mir: „Manchmal ist es auch im Berufsleben wichtig, gute Freunde zu haben.“ Und dann erzählte er sehr offen, was ihm widerfahren war: „Bei einem Auftrag war mir etwas danebengegangen“, begann er zu berichten. Er erzählte von der Reaktion seines Abteilungsleiters. Dabei ahmte er dessen beißenden Tonfall nach, wie er gesagt hatte: „Das müssen Sie noch einmal machen, Herr Winter, und Sie wissen, der Kunde will es morgen haben!“

Dann erzählte er weiter: „Ich versuchte, den Chef umzustimmen und sagte ihm, das sei nicht zu schaffen.

Freunde helfen zum Erfolg

Da wurde er noch bissiger und keifte: ‚Da kann ich Ihnen leider nicht helfen; ich werde den Kunden jedenfalls zu Ihnen schicken, wenn wir den Termin nicht einhalten können.'"

Es amüsierte mich immer, wenn Herr Winter seinen Abteilungsleiter imitierte, auch diesmal musste ich mir ein Lächeln verkneifen.

Herr Winter fuhr fort: „Ich ging wütend an meinen Arbeitsplatz zurück, nahm das nächste Werkzeug und warf es in die Ecke. Mein Kollege Oskar, der schon lange Jahre neben mir arbeitet, fragte, was denn los sei. Ich erzählte ihm von meinem Missgeschick und von der scharfen Reaktion des Vorgesetzten. Oskar beruhigte mich und meinte: ‚Weißt du, ich habe heute Abend nichts Wichtiges vor. Ich bleibe länger und helfe dir. Zu zweit schaffen wir es.' Zuerst wollte ich das nicht annehmen und versuchte, Oskar sein Vorhaben auszureden, aber der meinte nur, das sei kein Problem. Dann meinte Oskar noch: ‚So etwas kann jedem passieren. Es wäre nicht in Ordnung, wenn du dafür so abgestempelt würdest. Morgen früh möchte ich unbedingt zuschauen, wenn du deine fertige Arbeit präsentierst. Das Gesicht vom Chef möchte ich um nichts auf der Welt verpassen.'

Wir haben an diesem Abend zwei Stunden länger gearbeitet. Der Vorgesetzte hat es natürlich bemerkt, aber nichts dazu gesagt."

Herr Winter beendete seinen Bericht mit dem Ausspruch: „Der Oskar, das ist ein großartiger Kollege. Wenn es nur mehr von dieser Sorte gäbe."

Freunde, die blockieren

Leider ist der Wunsch nach persönlichem Erfolg oft stärker als eine Freundschaft. Manche Menschen mussten erleben, dass ein vermeintlich guter Freund sich ihrem Erfolg bewusst in den Weg stellte.

So widerfuhr es auch dem sportbegeisterten Bernd, als er für den Vorsitz seines Sportvereins kandidierte. Bernd rief bei seinem Freund Roland an, um sich mit ihm für die Wahlversammlung zu verabreden.

„Entschuldige“, entgegnete Roland, „aber ich werde nicht zu der Versammlung kommen.“

„Warum denn nicht?“, rief Bernd erstaunt in den Hörer. „Du bist doch seit ich denken kann bei jeder Versammlung dabei und es stehen sehr wichtige Entscheidungen an.“

„Ich werde diesmal trotzdem nicht dabei sein“, antwortete Roland knapp.

„Das verstehe ich nicht.“ Bernd wurde nun langsam ärgerlich. „Könntest du mir das erklären?“

„Nicht am Telefon“, antwortete Roland mit gepresster Stimme.

„Gut, dann komme ich zu dir und wir reden darüber!“ Damit knallte er den Hörer auf.

Bei Roland angekommen, gestand ihm dieser, dass er mit seiner Kandidatur nicht einverstanden sei und seine Wahl auch nicht unterstützen wolle.

„Aber warum denn nicht?“, fragte Bernd ihn erstaunt.

„Du weißt, ich kenne dich schon lange und glaube nicht, dass du der richtige Mann für diese Aufgabe bist“, lautete Rolands Antwort.

„Niemand ist perfekt, aber die Situation unseres Vereins ist nicht gut, und wenn du mir hilfst, können wir vieles zum Positiven verändern“, versuchte Bernd den Freund zu überzeugen.

Aber Roland war nicht umzustimmen. Seine Meinung über Bernd wurde im Verein bekannt und Bernd verlor die Wahl zum Vorsitzenden ganz knapp. Bernd zog sich daraufhin enttäuscht vom Verein und seinem Freund Roland zurück. Ein paar Jahre später wurde Roland für kurze Zeit der Vorsitzende des Vereins.

Wenn Freunde zu Konkurrenten werden, ist ihre Freundschaft auf eine sehr harte Probe gestellt und nicht selten scheitert sie daran.

Auch berufliche Veränderungen können eine Freundschaft schwer belasten. Wenn einer plötzlich mehr Verantwortung hat als der andere und sich dadurch alles verändert, ist das nicht so leicht zu verkraften.

Genau das war es, was Regine und Ute nie erwartet hätten. Ihre Schreibtische standen im Großraumbüro jahrelang nebeneinander. Sie arbeiteten oft gemeinsam und verbrachten auch einen Teil ihrer Freizeit miteinander. Regine war verheiratet und hatte schon große Kinder, Ute dagegen war ein fröhlicher Single. Auch sonst waren sie unterschiedliche Menschen, aber das schien ihre Freundschaft nur interessanter zu machen.

Als der Büroleiter das Rentenalter erreicht hatte, wurde Ute von der Betriebsleitung gefragt, ob sie dessen Aufgabe übernehmen wolle. Nach kurzer Bedenkzeit sagte Ute zu und nahm die verantwortungsvolle Stelle an. Regine feierte mit Ute deren beruflichen Erfolg und freute sich mit ihr.

Aber bald begann es in der täglichen Zusammenarbeit zu kriseln. Regine nahm einige von Utes Weisungen nicht ganz ernst und leistete sich auch sonst einige Nachlässigkeiten. Ute musste Regine um ein klärendes Gespräch bitten. Sie fragte ihre Freundin besorgt: „Regine, was ist denn los?“

„Ich weiß nicht, was du meinst. Mit mir ist überhaupt nichts los. Ich bin wie immer. Aber du bist neuerdings anscheinend unfehlbar geworden. Du tust so, als hättest du immer Recht."

„Regine, ich habe neuerdings auch die Verantwortung und habe eigentlich erwartet, dass du das verstehst und mich als Freundin unterstützt."

Ute sah die Freundin bei diesen Worten bittend an. Regine erwiderte den Blick etwas unsicher: „Weißt du, mir gefällt es in dieser Abteilung nicht mehr. Ich glaube, ich sollte woanders arbeiten."

Regine fielen diese Worte sichtlich schwer. Ute senkte den Blick und sagte leise: „Vielleicht hast du Recht, wenn du willst, helfe ich dir, einen guten Platz in einer anderen Abteilung zu finden."

Erfolg kann eine Freundschaft schwer belasten, weil er die Beziehung fast immer verändert. Nur wenn beide Freunde diese Veränderung bejahen und an ihrer Beziehung festhalten, kann die Freundschaft weiterleben.

Freunde, die ausbeuten

Noch schlimmer kann es uns treffen, wenn Menschen unsere Freundschaft nur für ihren eigenen Erfolg missbrauchen.

In meiner Kindheit verbrachte ich viel Zeit auf verschiedenen Bauernhöfen unseres Dorfes. Gerade die älteren, erfahrenen Landwirte zeigten uns Kindern mit viel Geduld etliche handwerkliche Dinge und sie wussten außerdem immer tolle Geschichten zu erzählen.

„Weißt du, wenn du die Früchte deiner Arbeit genießen willst, musst du immer gut darauf aufpassen." Diesen Rat gab mir einer der Bauern einmal. Mit ruhigen, aber gewichtigen Worten begann er dann, eine Geschichte zu erzählen, die mir bis heute in Erinnerung geblieben ist: „Ein Bauer hatte seine Kühe auf der Weide. Sein Nachbar hatte seine Kühe auf der Weide nebenan. Eines Tages bemerkte der Bauer, dass eine seiner Kühe kaum noch Milch in ihrem Euter hatte, wenn er sie melken wollte. Weil es mit der Zeit immer wieder vorkam, dass seine Kuh keine Milch mehr hatte, legte er sich eines Tages auf die Lauer. Etwa eine Stunde vor der Zeit, in der er gewöhnlich seine Kühe molk, kam sein Nachbar an den Zaun und winkte mit einem Büschel Klee – die besagte Kuh fraß sehr gerne Klee, sie war richtig verrückt danach, darum rannte sie an den Zaun. Der Nachbar öffnete ein kleines Stück des Zaunes und die Kuh lief hinüber auf seine Weide. Das Büschel Klee vor der Nase, folgte die Kuh dem Nachbarn. Auf der gegenüberliegenden Seite seiner Weide gab der Nachbar der Kuh den Klee zu fressen und molk, während sie fraß, ihr Euter leer.

Also, Mathias, merk es dir gut: Wenn du die Früchte deiner Arbeit auch selbst genießen willst, musst du immer gut darauf aufpassen."

Später im Leben habe ich mich oft an diese Geschichte erinnert. Immer dann nämlich, wenn jemand versuchte, die Freundschaft mit mir einseitig für seinen eigenen Erfolg auszubeuten. Ich bezeichne eine solche Verhaltensweise noch heute nach dieser Geschichte und nenne es das Prinzip „anfüttern, leer melken und dann wegschicken".

Sicher ist jedem von uns diese Erfolgsmasche schon begegnet. Leider suchen zu viele Mitmenschen ihren persönlichen Erfolg auf diesem hinterhältigen Weg.

Wenn aber scheinbar gute Freunde auf unsere Kosten ihren Erfolg suchen, geraten wir in eine sehr schwierige Situation. Vorsichtige Zurückhaltung oder gar Misstrauen kann man einem guten Freund gegenüber nur sehr schwer begründen. Wenn aber die hinterhältige

Absicht zur Tat geworden ist, hätten wir zwar gute Gründe, vorsichtig zu sein, aber oft ist der Schaden nicht mehr zu verhindern.

Gerade im Berufsleben wird sehr hart um den persönlichen Erfolg gerungen. Nicht immer sind die eingesetzten Mittel ehrlich und fair.

In einer Druckerei bekam ich einen neuen Kollegen. „Ich heiße Manfred", stellte er sich vor. Wir verstanden uns von Anfang an gut. Er suchte gelegentlich meinen Rat und er half mir wiederum gerne, wenn ich jemanden brauchte. Mit der Zeit trafen wir uns auch nach Feierabend. Ich war der Meinung, wir seien inzwischen fast zu Freunden geworden und öffnete mich ihm gegenüber immer mehr.

Eines Tages gingen wir nach Feierabend essen. Manfred wollte mich unbedingt dazu einladen. „Weil du immer so hilfsbereit bist und mir manchen guten Rat gegeben hast", begründete er seinen Wunsch. Während wir aßen, sagte er: „Ich bewundere dich für das, was du fachlich alles drauf hast. Ich kann sicher sehr viel von dir lernen." Dann stellte er mir viele Fragen über die Arbeit, den Betrieb, die Kollegen und unsere Vorgesetzten. Fast zwei Stunden fragte er mich aus und ich gab bereitwillig Auskunft. Dann sagte ich zu ihm: „Jetzt weißt du fast alles, was ich auch weiß, und kennst alle meine Kniffe." Wir lachten beide und nach kurzer Zeit verabschiedeten wir uns.

Nach diesem Abend veränderte Manfred sein Verhalten mir gegenüber. Er ging sichtlich auf Abstand und stellte seine Hilfsbereitschaft ein. Zuerst vermutete ich, dass ich etwas gesagt oder getan hätte, womit ich ihn verärgert hatte. Aber dann beobachtete ich seine Umgangsweise mit den anderen Kollegen. Ich sah, wie er auch sie umgarnte und jeden kleinen Vorteil für sich nutzte.

Das erinnerte mich wieder an die Geschichte mit der Kuh, an das Prinzip „anfüttern, leer melken und wegschicken“, und ich sagte selbstkritisch zu mir: „Hast du noch nichts dazugelernt? Solltest du nicht klüger sein als eine Kuh?“

Müssen wir wirklich zwischen Erfolg und Freundschaft wählen?

Muss das Streben nach persönlicher Entwicklung, nach Leistung und Erfolg einer Freundschaft zwangsläufig im Wege stehen?

Gerät eine Freundschaft in Gefahr, sobald einer der Partner seine Chance nutzt, sich weiterzuentwickeln?

Verschiedene Menschen haben wahrscheinlich auf Grund ihrer jeweiligen Erfahrungen sehr unterschiedliche Antworten auf diese Fragen.

Erfolg und Freundschaft werden in unserem Leben wohl immer ein sehr interessantes Gespann bleiben. So spannend, dass sie die Reife und Tiefe einer Freundschaft bis in den letzten Winkel des Herzens auszuleuchten vermögen.

Eine fruchtbare Freundschaft

Je schmerzhafter die Erfahrung eines Menschen mit Freunden ist, desto mehr schätzt er das aufrichtige Freundschaftsangebot Jesu. Jesus Christus wählt uns als seine Freunde, damit unser Leben positive Auswirkungen hervorbringt. Auswirkungen, die grundlegend und von ewigem Bestand sind. Er möchte, dass durch unser Leben göttliche, ewige Frucht entsteht.

Zuerst habe ich dieses Freundschaftsangebot Jesu lediglich registriert, ihm aber zu wenig Beachtung geschenkt. Wir Menschen denken, wir wüssten schon alles Wesentliche über Beziehungen. Wir übersehen dabei aber oft das Einzigartige und Besondere in der Freundschaft Jesu.

Mit der Zeit begriff ich mehr und mehr, wie ernst es Jesus Christus mit seiner Freundschaft zu mir ist. Wie viel er täglich dafür tut, um die ewige Bedeutung meines Lebens zu mehren.

Oft hat Christus mich zurückgeholt, wenn ich versagt habe, oder wieder aufgebaut, wenn ich entmutigt war, und einen neuen Weg gezeigt, wenn ich die Orientierung verloren hatte.

Er kümmert sich ständig um mich, damit aus meinem Leben gute, ewige Frucht hervorwächst.

Seine liebevolle Beständigkeit machte mir deutlich, dass Jesus Christus eine ganz besondere Freundschaft mit mir leben möchte. Ich nahm diese Freundschaft mit ihm immer wichtiger und suchte seine Nähe.

Heute ist meine tägliche Erfahrung: Je enger meine Freundschaft mit Christus wird, desto mehr kann Jesus durch mein Leben wirken.

Jesus Christus wählte mich als Freund, damit mein Leben positive Auswirkungen hat, die ewig bleiben.

Siebtes Kennzeichen:

Freunde vermitteln wichtige Beziehungen

Dann wird euch der Vater alles geben, worum ihr ihn in meinem Namen bittet.
Johannes 15,16

„Hallo, Mathias, hier ist Ernst." So klang mir die ruhige Stimme am Telefon entgegen.

„Ernst, das ist aber schön, dass du mich anrufst. Wie geht es dir?", fragte ich meinen Freund.

„Danke, gut. Du, Mathias, vielleicht hast du davon gehört, dass wir Seminare für leitende Mitarbeiter aus dem deutschsprachigen Raum durchführen ..."

„Ja, ich habe davon gelesen. Das ist eine sehr gute Sache."

„Ich wollte dich fragen, ob du einmal als Referent kommen könntest. Ich habe ein Seminar von dir mitbekommen und denke, das, was du damals gesagt hast, sollten unsere Teilnehmer auch einmal hören. Vielleicht laden sie dich danach in ihre Gemeinden ein. Deine Gedanken wären für ihre Arbeit eine große Hilfe."

Zuerst glaubte ich, nicht richtig gehört zu haben, aber dann überkam mich große Freude. Wir fanden einen Termin und alles entwickelte sich so, wie Ernst es gesagt hatte. Über Jahre hinweg war er ein wichtiger Förderer meiner Arbeit. Wir blieben freundschaftlich verbunden im gemeinsamen Einsatz für unsere Aufgabe.

Unser Codewort bei Gott heißt „Jesus Christus"

Ernst bürgte mit seinem guten Namen für meine Arbeit. Ein Name kann in bestimmten Situationen zu einem Codewort werden, das uns Zugang zu Bereichen verschafft, die uns ansonsten verschlossen bleiben. Jesus Christus sagt zu seinen Freunden, dass sie seinen Namen als Codewort bei seinem Vater im Himmel benutzen können: „Dann wird euch der Vater alles geben, worum ihr ihn in meinem Namen bittet."

Zu diesen Worten Jesu hörte ich einmal ein gutes Beispiel: Stellen Sie sich vor, Sie brauchen etwas sehr Wichtiges. Etwas, das Ihnen unbedingt zu Ihrem Leben und Glück fehlt. Sie wissen genau, bei welcher Firma es diese Sache gibt, können sie sich aber nicht leisten. Nun kommt ein Freund zu Ihnen und sagt: „Ich kenne den Chef dieser Firma gut. Gehe zu ihm und sage, er tut *mir* einen großen Gefallen, wenn er *dir* gibt, worum du ihn bittest."

Was Jesus seinen Freunden anbietet, ist ein direkter Zugang zu Gott. Wenn Sie Gott eine Bitte unterbreiten, die Christus mit seinem Namen gegengezeichnet hat, wird Gott diese Bitte erfüllen. Jesus vermittelt allen, die ihm vertrauen, die wichtigste Beziehung, die es für unser Leben gibt: eine persönliche, unmittelbare Beziehung zu Gott.

Freunde, die wichtige Beziehungen vermitteln

In heiklen Situationen unseres Lebens kann es eine entscheidende Hilfe sein, wenn ein guter Freund jemanden kennt, der uns weiterhilft; wenn er seine Beziehungen spielen lässt, um mir aus einer Sackgasse zu helfen.

Ein Freund, der mir zur rechten Zeit den rettenden Kontakt vermittelt, will das Beste für mich.

Menschen jeden Alters können Beziehungen vermitteln. So manches Baby hat durch sein unwiderstehliches Lächeln Menschen miteinander ins Gespräch gebracht, die sich ohne dieses Lächeln nie gefunden hätten.

Auch der zwölfjährige Daniel konnte seinem Freund Sven eine wichtige Beziehung vermitteln. Sven war froh, dass er in Daniel einen neuen Freund gefunden hatte. Sie trafen sich immer öfter, trieben gemeinsam Sport, erkundeten die entferntesten Winkel ihrer Stadt und redeten über alles Mögliche. Aber am liebsten schwammen sie um die Wette.

„Du bist fast so schnell wie ich“, meinte Daniel erstaunt, als sie nach einigen Bahnen schwer atmend am Beckenrand standen.

„Aber eben nur fast“, entgegnete Sven und lächelte verlegen zwischen zwei schnellen Atemzügen.

„Mit dem richtigen Training hättest du vielleicht eine Chance“, versuchte Daniel ihn zu trösten. „Schwimmst du in einem Verein?“

„Nein, nur im Schwimmunterricht in der Schule.“

„Komm doch mit in meinen Verein. Wir haben dort einen guten Trainer.“

„Oh, ich war schon einmal in einem Schwimmverein. Sie haben dort eine kostenlose Schnupperstunde angeboten. Keiner kannte mich dort. Ich durfte eine Stunde lang kostenlos plantschen, aber kein Trainer hat nach mir geschaut." Sven zeigte deutlich, dass er von Daniels Idee wenig begeistert war.

„Ja, das kann dir bei uns auch passieren", gab Daniel zu. „Aber ich kann mit unserem Trainer reden. Ich werde ihm sagen, wie gut du bist. Vielleicht nimmt er dich in unsere Schwimmstaffel auf."

„Das würdest du wirklich tun?"

„Aber natürlich! Oder glaubst du, ich bring es übers Herz, dich ständig verlieren zu sehen?"

„Oh, warte, du Angeber", rief Sven, griff nach Daniel und zog ihn mit sich ins Becken.

Freunde können auch ganz besondere Beziehungen vermitteln, wie Maria und Kurt es erlebt haben.

Wenn ihnen die Frage gestellt wurde, wie sie sich kennen gelernt hatten, war ihre Antwort immer: „Ein Freund hat uns zusammengebracht", und dann lächelten beide sehr geheimnisvoll.

„Ein Freund? Wie ist das denn zugegangen?", war meist die zweite Frage. Und dann begannen sie abwechselnd zu erzählen: „Wir kannten uns damals nur vom Sehen", erklärte Kurt. „Ich traute mich nicht, Maria in ein Gespräch zu verwickeln. Irgendwann sagte ich dann zu meinem Freund Jonas: ‚Die Maria würde ich gerne näher kennen lernen.' Er lachte und sagte nur: ‚Dann red doch mit ihr.' Ich zuckte mit den Schultern, sagte aber nichts weiter."

„Ich kannte Jonas auch", erzählte nun Maria weiter. „Ich habe nicht mit ihm darüber geredet, aber irgendwie muss er bemerkt haben, dass mir Kurt nicht gleichgültig war."

„Und dann hat er es hinbekommen, sich mit uns beiden gleichzeitig zu verabreden", fügte Kurt lachend ein. „Wir haben es wirklich beide nicht gewusst. Jonas meinte, das hätte sich so ergeben und er habe keinem

Freunde bauen Brücken

absagen wollen. Nach einer Stunde sagte er, er müsse zu einem weiteren Termin."

„Wir beide waren so sehr mit uns beschäftigt, dass wir erst später durchschauten, was Jonas getan hatte." Maria lachte bei diesen Worten. „Jonas wurde bei der Hochzeit natürlich unser Trauzeuge."

Neue Beziehungen, die uns gute Freunde vermitteln, können Weichenstellungen auf unserem Lebensweg sein. Freunde bauen Brücken zu anderen Menschen. Manchmal kommt durch einen Freund ein Mensch in unser Leben, auf den wir schon lange gewartet haben.

Die Vermittlung einer Beziehung durch einen Freund kann manchmal lebenswichtig werden. Wenn Menschen in eine ausweglose Lebenssituation geraten, ist jede mögliche Hilfe wichtig. Bei diesem Gedanken fällt mir immer die Familie Strato ein. Eines ihrer Kinder war schon vor längerer Zeit erkrankt. Es war ein langwieriger, rätselhafter Krankheitsverlauf, der die ganze Familie sehr belastete. Im Betrieb von Wilhelm Strato arbeitete auch sein alter Schulfreund Paul. Dieser erkundigte sich oft nach dem Ergehen des Kindes. Die Krankheit dauerte und die Berichte des Freundes wurden immer verzweifelter.

Eines Tages fragte Paul: „Wilhelm, kannst du dich noch an Christoph erinnern?"

„Meinst du den Christoph, der ganz kurz in unserer Klasse war?", fragte Wilhelm Strato.

„Ja, genau der", sagte Paul. „Wir haben Kontakt gehalten, treffen uns manchmal und reden länger miteinander. Er hat Medizin studiert und arbeitet an der Uniklinik. Er hat mir von seiner Arbeit erzählt und ich glaube, mit dem solltest du mal reden."

„Ja, das wäre vielleicht gut", antwortete Wilhelm, doch dann gab er zu bedenken: „Aber ich hatte nie Kontakt zu ihm, ich erinnere mich nicht einmal mehr daran, wie er mit Nachnamen heißt."

Doch Paul meinte: „Weißt du was? Ich ruf bei ihm an, schildere ihm eure Situation und frage ihn einfach. Wenn er Ja sagt, gebe ich dir seine Telefonnummer und ihr könnt einen Termin vereinbaren."

Paul hat sich über die Situation des Freundes Gedanken gemacht und überlegt, wo dieser Hilfe finden könnte. Weil es ihm wichtig war, dass sein Freund Wilhelm diese Hilfe auch bekam, redete er zuerst mit Christoph. Paul und Wilhelm wussten beide, dass es keine Garantie dafür gab, dass ihr ehemaliger Klassenkamerad Christoph wirklich helfen konnte, aber ihre Freundschaft befähigte sie, diese Chance zu suchen.

Freunde, die Beziehungen vorenthalten

Wenn wir von einem Freund Hilfe erwarten, dieser aber anders reagiert, kann uns das sehr irritieren. Solche Erfahrungen können große Enttäuschungen in Menschen hervorrufen und einen nachdenklich stimmen.

Gerd zum Beispiel ging zu seinem Freund Konrad, weil er gehört hatte, dass in dessen Betrieb eine interessante Stelle frei wäre. Deshalb fragte er ihn: „Konrad, könntest du bei deinem Chef vorfühlen, ob er ein Bewerbungsgespräch mit mir führen würde?"

„Oh, das ist bei uns nicht üblich", gab Konrad schnell zurück. „Es ist möglich, dass der Chef sehr ungünstig darauf reagiert. Am besten wäre es, du bewirbst dich ganz normal und erwähnst mich überhaupt nicht. Weißt du, man weiß nie, wie der Chef und die Kollegen auf Seilschaften reagieren."

Ihr Gespräch war dann bald zu Ende und Gerd dachte

auf dem Nachhauseweg enttäuscht über die Situation nach.

Hatte er die Freundschaft falsch eingeschätzt? Er hatte doch eigentlich immer ein offenes Ohr für Konrad. Konnte er sich so in ihm getäuscht haben? Oder schätzte Konrad seine fachliche Kompetenz ganz anders ein als er selbst? „Ich werde heute wohl keine endgültigen Antworten bekommen“, sagte er sich zum Abschluss. Aber die Fragen blieben!

Wenn ein Freund sich anders verhält, als ich es erwartet habe, wenn er sich weigert, durch seine Kontakte zu helfen, muss ich ihm dann die Freundschaft kündigen? Nein, denn die Hilfe eines Freundes sollte immer freiwillig bleiben. Freunde *dürfen* einander helfen, sie *müssen* aber nicht.

Allerdings sollten wir über eine solche Situation gründlich nachdenken.

Vielleicht haben wir die Freundschaft falsch eingeschätzt. Vielleicht beurteilt der Freund unsere Situation oder unsere Fähigkeiten anders als wir selbst.

Wenn ich mich getäuscht habe, sollte ich nicht den Freund dafür verantwortlich machen, sondern um eine realistische Einschätzung der Freundschaft bemüht sein. Wer sich Irrtümer nicht eingesteht, wer diese hinter Gefühlen der Enttäuschungen versteckt, läuft Gefahr, dieselben Fehler zu wiederholen. Nur wenn ich mir eingestehe, dass ich mich getäuscht habe, kann ich für mein weiteres Leben wichtige Lektionen lernen. Auch negative Erlebnisse sind wertvolle Erfahrungen, weil sie mich lehren können, in guten Beziehungen zu leben.

Jesus vermittelt die Beziehung zu Gott

Besondere Beziehungen können oft nur ganz bestimmte Menschen für mich vermitteln, weil sie die besten Kontakte haben und bei wichtigen Persönlichkeiten etwas erreichen.

Jesus Christus vermittelt die außergewöhnlichste Beziehung, die es für uns Menschen gibt. Er vermittelt für jeden, der dies möchte, die Beziehung zu Gott. Für mich tat er dies vor über 30 Jahren und seitdem bin ich sicher, dass ich in einer wundervollen, intakten Beziehung mit Gott lebe.

Immer wieder darf ich auch miterleben, wie Jesus Christus anderen Mitmenschen diese Beziehung vermittelt. Solche Erfahrungen gehören zu den außergewöhnlichsten Erlebnissen in meinem Leben.

Nach einem Vortrag wollte ein Teenager mit mir sprechen. Sein Name war Jörg. Zuerst erzählte Jörg vollkommen begeistert von seinem Hobby. „Ich fliege gerne im Segelflugzeug mit“, schwärmte er mir vor. „Selbst darf ich noch nicht fliegen, aber ich habe einen Freund, der hat einen Doppelsitzer und nimmt mich oft mit.“ Danach wechselte er das Thema und erzählte von seinem Leben als Christ: „Weißt du, ich arbeite aktiv in der Jungschar in unserer Gemeinde mit“, berichtete er. „Dort ist es richtig schön. Wir unternehmen viele interessante Dinge miteinander.“

„Das ist sehr gut, dass du das tust“, sagte ich zu ihm. „Du lernst dort viel über deine Mitmenschen und über Gott.“

Dann wurden wir beide still und es trat eine Pause in unserem Gespräch ein. Langsam und zögernd fragte ich nach einiger Zeit in diese Stille hinein: „Wie steht es denn um deine Beziehung zu Gott? Bist du eigentlich sicher, dass du eine Beziehung zu ihm hast?“

„Nein“, sagte Jörg sehr offen und ehrlich, „da bin ich überhaupt nicht sicher.“

„Kennst du solche Unsicherheiten auch in anderen Beziehungen deines Lebens?“, fragte ich weiter.

„Ja“, antwortete er sofort, ohne groß nachdenken zu müssen. „Ich lebe bei Pflegeeltern. Die sind in Ordnung, trotzdem bin ich manchmal unsicher, wie sie zu mir stehen. Und auf meine leibliche Mutter kann ich mich nie verlassen. Wenn sie sagt, sie besucht mich nachmittags um zwei, dann kommt sie vielleicht um fünf oder um acht.“

„Bereitet dir diese Unsicherheit Schwierigkeiten?“, fragte ich.

„Ja“, antwortete Jörg nun nachdenklich. „Ich habe Probleme mit der Sprache. Schreiben und Lesen kann ich nicht besonders gut. Aber in Mathe, da bin ich spitze.“

„Du kennst das Gefühl von Unsicherheit und Ungewissheit aus eigener Erfahrung also sehr gut“, bemerkte ich, „und du weißt auch, wie sich dies in deinem Leben auswirkt.“

Ich freute mich sehr über seine reifen Einsichten und seine ehrlichen Worte gaben mir den Mut zu sagen: „Jörg, dann fällt es dir sicher nicht schwer zu verstehen, dass Jesus Christus nicht will, dass du in deiner Beziehung zu Gott auch unsicher und ungewiss bleibst.“

„Ungewissheit ist nicht gut“, entgegnete er und nickte mit dem Kopf.

„Ungewissheit ist für niemanden gut“, bestätigte ich ihm.

Und dann erklärte ich Jörg, was Jesus in der Bibel über unsere Beziehung zu Gott sagt. Ich erzählte davon, was Jesus getan hat, um unsere Beziehung mit Gott zu ermöglichen. Und zuletzt schilderte ich ihm, was ein Mensch tun kann, um sich seiner Beziehung zu Gott gewiss zu werden.

Wir lasen miteinander die Worte aus Johannes 1,12: „Die ihn [Jesus] aber aufnahmen und an ihn glaubten, denen gab er das Recht, Kinder Gottes zu sein."

Jörg verstand die Bedeutung dieser Worte. Er glaubte an das, was Jesus für ihn getan hat. Er betete mit mir und bat Jesus Christus, auch ihm die Beziehung mit Gott zu ermöglichen. Jörg erlebte in dieser Stunde, wie Jesus ihm den Weg zu Gott freimachte. Er wurde gewiss, dass Gott nun *sein* Vater im Himmel ist.

Jörg hat an diesem Tag genau das erlebt, was mir Jahre zuvor widerfahren war.

Jesus Christus schenkt die außergewöhnlichste Beziehung, die es für uns Menschen gibt. Er vermittelt für uns die Beziehung zu unserem Vater im Himmel.

Freundschaft erleben

Das Wunderbare an Freundschaften ist, dass wir sie in jedem Alter, in ganz verschiedenen Lebensbereichen und unter den unterschiedlichsten Lebensumständen erleben können.

Unsere Möglichkeiten, Freundschaften auszuleben, sind sehr vielfältig. In Johannes 15,11-16 nennt Jesus sieben Merkmale von Freundschaft, die er mit jedem Freund lebt.

Diese sieben Kennzeichen der Freundschaft finden wir auch in unseren zwischenmenschlichen Beziehungen immer wieder. Wer diese Kennzeichen ernst nimmt und berücksichtigt, wird tiefe und dauerhafte Freundschaften erfahren.

Bedingungen ersticken Freundschaft

Ganz wichtig ist, dass wir die Worte Jesu als Kennzeichen und Möglichkeiten einer Freundschaft verstehen und nie als Bedingungen. Jesus gibt alles, was er aus Freundschaft für uns tut, freiwillig. Wie der Mensch Sauerstoff zum Atmen braucht, so braucht eine Freundschaft Freiwilligkeit, um leben zu können. Sogar in einer schweren Lebenssituation, wie mein Freund Sebastian sie erlebte, ist es wichtig, die freiwillige Hilfsbereitschaft von Freunden nie als selbstverständlich zu sehen.

Sebastian hatte viele Freunde. Aber dann kamen Probleme in sein Leben. Seine Frau ließ ihn nach acht Jahren Ehe mit zwei Kindern allein und auch im Beruf hatte er einige Probleme. Er wusste: *Jetzt brauche ich meine Freunde, sonst komme ich mit all diesen Problemen nicht mehr zurecht.* Seine Freunde sahen das auch so und viele unterstützten ihn zunächst sehr. Seine persönliche Situation stabilisierte sich aber nicht, sondern wurde immer komplizierter. Er suchte immer mehr Hilfe bei seinen Freunden. Manche fühlten sich bald überfordert und begannen, sich zurückzuziehen. Sebastian fing an, Druck auf seine Freunde auszuüben und forderte bestimmte Hilfen von ihnen ein. So wurde der Freundeskreis von Sebastian immer kleiner. Leider begriff er lange nicht, warum mit der Zeit immer weniger Freunde von sich hören ließen.

Davor möchte ich warnen. Wer beginnt, seine Freunde mit Bedingungen zu konfrontieren, zerstört vielleicht alle Freundschaften, die er hat.

Freiwilligkeit ist ein wichtiges Prinzip in einer Freundschaft. Darum ist der beste Weg, ein guter Freund zu werden, Hilfsbereitschaft *freiwillig* einzuüben. Immer wieder treffen wir Menschen in schwierigen Situationen, die unsere Hilfe und Freundschaft ganz dringend brauchen. Wenn wir uns bewusst dafür entscheiden, *freiwillig* zu helfen, lässt uns das nicht schwächer werden. Im Gegenteil: Freiwillig geben zu können macht einen Menschen stark und beziehungsfähig.

Möglichkeiten miteinander leben

Persönliche Freundschaften haben einen großen Einfluss auf unser Leben. Darum ist es wichtig, dass wir Freundschaftsbeziehungen immer sehr bewusst und auch praktisch leben.

Wenn Freunde nicht an ihrer Beziehung arbeiten, bleibt Freundschaft nur ein Wort, höchstens ein Gefühl.

Erst durch das gemeinsame Ausüben positiver Möglichkeiten wird Freundschaft real. Aber keine Freundschaft ist wie die andere. Die Beziehung zu einem Freund hat oft eine völlig andere Dimension als die zu einem anderen. Selten leben wir alle Möglichkeiten einer Freundschaft mit demselben Menschen. In der einen Freundschaft teilen wir vielleicht Freude oder Wissen, eine andere betrifft eher unsere privaten Beziehungen und eine dritte unser berufliches Leben.

Weise ist der Mensch, der die angebotenen Möglichkeiten der Freundschaft auslebt. Wir sollten alle positiven Angebote wirklicher Freundschaft dankbar annehmen.

Wenn eine Beziehung erst in allen Bereichen perfekt sein muss, bevor ich mich für diesen Menschen öffne, werde ich irgendwann sehr einsam sein.

Weil wir mit vielen Menschen ein Stück Freundschaft leben, sollten wir darauf achten, welche Kennzeichen wir in einer Beziehung konkret erkennen können. Ich darf nicht selbstverständlich davon ausgehen, dass ein Mensch seine Freundschaft auf alle Gebiete meines Lebens ausdehnen wird.

Die sieben Kennzeichen einer Freundschaft sind eine wichtige Hilfe, um die realen Inhalte, aber auch die Grenzen in unseren Beziehungen zu erkennen. Manche Enttäuschung hat ihren Ursprung darin, dass wir die Kennzeichen nicht kannten, und darum die Grenzen einer Freundschaft nicht realisiert haben.

Manchmal konfrontieren uns Freunde mit überzogenen Erwartungen. Es gab Zeiten in meinem Leben, in denen mich die Erwartung mancher Freunde fast erdrückt hätte. Darum habe ich offen mit ihnen gesprochen. Ich habe sie gefragt, in welchen Lebensbereichen sie konkret mit mir leben möchten. Dann haben wir gemeinsam versucht, unsere Erwartungen und die gelebte

Freundschaft in Einklang zu bringen. Es ist nicht einfach, gute Freunde um so ein Gespräch zu bitten, aber es war für alle Beteiligten befreiend und positiv. Meine persönliche Erfahrung ist: Echte Freunde verstehen, dass gegenseitige Erwartungen und praktisch gelebte Freundschaft zusammenpassen sollten.

Freundschaft mit Qualität

Menschen erleben Freundschaft unterschiedlich. Für die einen sind Freundschaften sprudelnde Quellen der Kraft und Lebensfreude. Andere erleben in ihren Beziehungen ständig Rückschläge und Frustration. Die meisten von uns kennen wahrscheinlich beides.

Die Qualität unserer Freundschaften hat viel damit zu tun, wie wir unsere positiven Möglichkeiten in die Praxis umsetzen.

Überwiegen in unseren Beziehungen negative Erfahrungen mit Freunden, dann sollte uns dies alarmieren. Negative Beziehungen können unserer Persönlichkeit auf Dauer sehr schaden.

In vielen Freundschaftsbeziehungen erleben wir beides und wir fragen uns vielleicht, was wir tun können, um die Qualität dieser Freundschaften zu verbessern.

Im Folgenden möchte ich vier Erfahrungen von Freunden wiedergeben, die uns die Bandbreite dessen, was wir in Beziehungen erleben können, vor Augen führen sollen.

Auf meine Freunde ist Verlass

Marion war eine wichtige Mitarbeiterin in unserem Team, das wir zur Organisation und Durchführung einer Aktionswoche gebildet hatten. Sie hatte viele praktische Fähigkeiten, eine Menge Erfahrung und konnte außerdem sehr gut mit Menschen umgehen. Ich hatte sie erst vor kurzem kennen gelernt und freute mich über ihren Einsatz. Nach einigen Tagen hörte ich, wie ein anderes Teammitglied Marion fragte: „Wie geht es deinem Mann?"

„Oh, danke", antwortete Marion, „es geht ihm eigentlich wie immer. Sein Zustand ist relativ stabil, natürlich gibt es kleine Schwankungen."

Bei der nächsten passenden Gelegenheit sprach ich Marion an: „Ich habe mitbekommen, wie du gefragt wurdest, wie es deinem Mann geht. Fehlt ihm etwas?"

„Ja", antwortete sie, „er hatte einen Unfall und leidet seitdem manchmal unter Gleichgewichtsstörungen. Und er ist teilweise gelähmt."

„Oh, und du kannst dich dennoch hier im Team so stark einsetzen?", fragte ich weiter.

„Für eine begrenzte Zeit geht das schon. Ich tue es sehr gerne und mein Mann möchte es auch. Er kommt eigentlich sehr gut allein zurecht. Wenn ich aber mal einige Stunden nicht zu Hause bin, schauen Freunde von uns regelmäßig nach ihm – nur zur Sicherheit. Wir haben Freunde, die in unserer Nachbarschaft wohnen. Auf die können wir uns wirklich verlassen."

„Du scheinst viele gute Beziehungen zu deinen Mitmenschen zu haben. Was ist dein Geheimnis?"

„Unsere Freunde sind mir und meinem Mann sehr wichtig", antwortete Marion langsam, jedes Wort sorgfältig abwägend. „Wir suchen gerne nach Möglichkeiten, wie wir Freunden etwas Gutes tun können, und achten sehr darauf, dass sich keine negativen Dinge in unsere Beziehungen einschleichen."

„Ihr scheint richtige Experten darin zu sein", bemerkte ich voll ehrlicher Anerkennung. „Habt ihr schon einmal darüber nachgedacht, eure Erfahrungen an andere Menschen weiterzugeben?"

„Was? Wir?" Marion sah mich mit großen Augen an. „Darauf wären wir nie gekommen. Das ist doch normal, was wir tun."

„Für euch vielleicht schon", stimmte ich Marion zu, „aber längst nicht für alle Menschen. Es gibt viele, die in Freundschaftsbeziehungen Probleme haben und von euren Erfahrungen sehr profitieren könnten."

„Ich werde es meinem Mann mal vorschlagen", erwiderte Marion und lächelte dabei schelmisch. „Der wird Augen machen."

Marion und ihr Mann leben in sehr guten freundschaftlichen Beziehungen. Sie tun auch genau das Richtige, damit es so bleibt. Beide nutzen jede Gelegenheit, gemeinsam mit Freunden positive Erlebnisse zu haben. Und sie achten darauf, dass keine negativen Einflüsse die Qualität ihrer Freundschaften mindern können.

Es sind dennoch meine Freunde

„So ein Mist", schimpfte Kevin, „die scheinen mich vergessen zu haben!"

„Gibt es Probleme?", fragte ihn sein Vater.

„Meine Freunde und ich wollten nach Stuttgart fahren und das Spiel anschauen. Es war abgemacht, dass sie mich abholen, aber jetzt ist es zu spät. Sicher haben sie vergessen, dass ich auch mitfahren wollte."

„Oh, das ist natürlich ärgerlich“, pflichtete ihm der Vater bei. „Bist du jetzt sehr sauer?“

„Es geht“, beruhigte sich Kevin langsam, „aber es ist nicht das erste Mal, dass so etwas passiert, und meistens trifft es natürlich mich.“

„Hast du ihnen schon einmal gesagt, dass dir das nicht gefällt?“, fragte der Vater.

„Nein, ich dachte, das wäre ihnen klar“, gab Kevin zur Antwort, „und ob das etwas ändern würde, ist ja auch nicht gesagt. Weißt du, es sind trotzdem meine Freunde und ich möchte nicht ständig herummeckern.“

„Da hast du Recht“, meinte der Vater nachdenklich, „Meckern ist unter Freunden nicht gut. Es ist besser, Freundschaft positiv zu leben. Wenn aber andererseits immer wieder dieselben negativen Dinge geschehen, sollte man auch mal etwas sagen. Manche Freunde bleiben möglicherweise gleichgültig, aber andere ändern vielleicht ihr Verhalten. Manchmal findet man auf diesem Weg auch heraus, wem man wirklich wichtig ist.“

„Darüber habe ich noch nicht nachgedacht“, antwortete Kevin schon viel ruhiger, „aber das ist ein interessanter Gedanke. Übrigens ... hast du Zeit? Wir könnten das Spiel doch gemeinsam am Fernseher anschauen.“

Kevin hat mit seinen Freunden unterschiedliche Erfahrungen gemacht. Oft erlebte er sie als wirkliche Freunde, aber manchmal waren sie ihm gegenüber gleichgültig. Das Gespräch mit seinem Vater hat ihm geholfen. Kevin verstand nun, dass er initiativ werden konnte, um die Qualität seiner Freundschaften zu verbessern. Die positiven Möglichkeiten in seinen Beziehungen nutzen und die negativen, gleichgültigen Tendenzen erkennen und besonnen unterbinden – mit dieser Doppelstrategie konnte er von nun an seine Freundschaften aktiv und positiv mitgestalten.

Ich habe keine wirklichen Freunde

Die folgende Begebenheit ereignete sich in der Zeit, als ich in einer Druckerei arbeitete. Mein Kollege Herbert und ich saßen in der Mittagspause hinter unserer Druckmaschine. Wir legten beide unsere Beine hoch, weil sie durch das lange Stehen schon etwas müde waren. Ich arbeitete noch nicht lange im Betrieb und fragte Herbert Verschiedenes. Er erklärte mir alles gerne und war dabei sehr offen. Doch dann wurde er sehr ernst und sagte: „Weißt du, wirkliche Freunde gibt es hier nicht. Hier ist jeder sich selbst der Nächste. Ich arbeite jetzt schon 25 Jahre in diesem Betrieb und ich kann dir nur raten, den Kollegen gegenüber sehr vorsichtig zu sein."

„Aber wir sind doch alle in einer ähnlichen Situation", entgegnete ich besorgt. „Werden wir einander nicht auch brauchen?"

„So sollte man meinen", raunte Herbert leise, um von niemandem gehört zu werden, „aber verlass dich lieber nicht darauf!"

„Danke für deine Offenheit", antwortete ich. „Dir sind die Beziehungen zu deinen Mitmenschen nicht gleichgültig, das spüre ich. Mir auch nicht, dann sind wir schon zwei. Ich werde versuchen, den anderen Kollegen so positiv wie möglich zu begegnen und sehen, wie sie reagieren." Dann nahm ich allen Mut zusammen und stellte ihm eine sehr direkte, persönliche Frage: „Warum bist du eigentlich so lange hier geblieben, trotz dieser Erfahrungen?"

„Ja, das frage ich mich auch oft", gab Herbert leise und resigniert zu. „Ich denke, ich war zu ängstlich und habe deshalb den Absprung verpasst."

Ich dachte nach und antwortete schließlich: „Wenn trotz aller positiven Bemühungen das Negative nicht zu stoppen ist, sollte man woanders hingehen, sonst geht man kaputt."

„Das ist ein guter Vorsatz", stimmte mir mein Kollege zu. „Weißt du, früher dachte ich, es wird überall Negatives geben. Darum bin ich hier geblieben, aber heute denke ich oft, eine Veränderung wäre besser gewesen."

Herberts Erfahrungen mit seinen Kollegen waren überwiegend negativ. Nach langen Jahren hatten diese Erfahrungen ihn ängstlich und mutlos werden lassen. Ich erlebte ihn indessen als verlässlichen Freund und Kollegen.

Auch in einer solchen Situation kann das Ausleben der positiven Möglichkeiten das zwischenmenschliche Zusammenleben verändern. Meine Erfahrung ist, dass es überall Menschen gibt, die für eine gute Beziehung offen sind. Wenn aber das Negative in einer Beziehung dominierend bleibt, müssen wir auch den Mut zu einem klaren Schnitt haben. Und das möglichst bevor die Hoffnung schwindet, dass es noch irgendwo Menschen gibt, die eine positive Freundschaft mit mir leben möchten.

Ich bin ganz allein

Auf einer Vortragsreise traf ich Hans. Er hatte mich zu sich eingeladen, um mir seine Lebensgeschichte zu erzählen. „Ich möchte dir das erzählen", begann er, „damit du weißt, mit wem du es zu tun hast."

„Das weiß ich doch schon", sagte ich und lächelte ihn an. „Mit einem freundlichen, netten Menschen."

„Ja, manchmal wenigstens", entgegnete er lachend, „aber das war nicht immer so." Mit diesen Worten rutschte er noch einmal auf seinem Sessel hin und her, bis er es bequem hatte. Dann begann er zu erzählen: „Ich war früher verheiratet, ging meiner Arbeit nach und trank auch gerne einmal einen über den Durst. Meine Frau und ich stritten immer häufiger. Dann wollte sie nicht mehr mit mir leben und ließ sich scheiden. Ich verließ die Wohnung, verlor meine Arbeit und lebte einige Jahre auf der Straße. Damals habe ich die Menschen kennen gelernt – das Leben auf der Straße ist wie ein Psychologiestudium. Und du musst ganz schnell studieren, denn manchmal hängt sehr viel davon ab, ob du einen Menschen richtig einschätzt.

Ich hatte bald niemanden mehr und zog mit meinen paar Habseligkeiten von Ort zu Ort. Ich hatte noch einen Kassettenrekorder und einige Kassetten. Am liebsten hörte ich die Lieder von Freddy Quinn. Du kennst sie vielleicht – ‚Heimatlos' und so. Diese Lieder haben mich oft moralisch aufgerichtet. Mein Alkoholproblem wurde natürlich immer schlimmer. Ich trank immer hochprozentigeren Alkohol und gesundheitlich ging es immer weiter bergab mit mir. Einmal war ich so krank, dass ich dachte: *Jetzt stirbst du.* Und da habe ich das erste Mal wieder gebetet. Ich habe Gott alles versprochen, wenn er mich nur am Leben lassen würde.

Ich wurde wieder gesund, aber das Leben lief genauso weiter wie vorher. Ich hatte gelernt, dass fromme Menschen einem wie mir manchmal ein Stückchen weiterhelfen. Darum klopfte ich öfter bei solchen Leuten an die Tür, von denen ich wusste, dass sie fromm waren, und bat um Hilfe. So kam ich zu einer christlichen Gemeinde. Dort wurde ich sehr nett aufgenommen und die Leute dort sagten sogar, ich könne für einige Zeit dort wohnen.

Ich ging in die Gottesdienste, hörte die Predigten und fühlte mich wohl. Mit der Zeit verstand ich, dass Jesus Christus jedem Menschen helfen möchte, ein sinnvolles

Leben zu führen. Aber ich dachte: *Ob das bei mir noch möglich ist, bei mir kaputtem Kerl?*

Eines Tages wagte ich es und betete: *Herr Jesus Christus, wenn du so einen kaputten Kerl wie mich noch brauchen kannst, dann nimm mich – aber bitte ganz. Und zeige mir, wo es langgeht.* Damals hat mein Leben mit Jesus Christus begonnen und inzwischen habe ich sehr viel mit ihm erlebt."

Wer glaubt, dass er keinen Freund mehr hat, braucht ganz dringend einen. Jemanden, der ihn so, wie er ist, als Freund akzeptiert. Jemanden, der eine wirkliche Freundschaft mit ihm leben will.

Hans hatte diesen Freund in Jesus Christus gefunden. Im Zusammenleben mit Jesus erlebte er, was wahre Freundschaft vermag. Als ich ihn kennen lernte, hatte Hans wieder viele Freunde. Aber er erzählte jedem sehr begeistert, wie schön für ihn das Leben mit seinem wichtigsten Freund, Jesus Christus, ist.

Was mir Jesu Freundschaft bedeutet

Ich durfte schon viele verschiedene Freundschaften erleben. Einige meiner Freundschaften bestehen schon sehr lange; andere Beziehungen waren eher kurz und lebten mehr vom Träumen. Manche Freundschaften sind durch Krisen intensiver geworden, andere sind daran zerbrochen. Aber für jeden einzelnen meiner Freunde bin ich heute dankbar. Die Erfahrungen mit ihnen gehören zu den wichtigsten Schätzen meines Lebens.

Durch die Jahre ist mir die Freundschaft von Jesus Christus immer wichtiger geworden. Er war der Erste, der mich unbedingt zu seinem Freund haben wollte, und zwar ohne Vorbedingungen und in allen Lebensbereichen.

Nur er, Jesus Christus, kann Freundschaft ohne Limit leben. Oft dachte ich: *Auch diese Freundschaft hat irgendwo ihre Grenzen.* Mit der Zeit wurde mir aber klar, dass immer ich es bin, der solche Grenzen zieht – er nie.

Jesus Christus lebt alle Möglichkeiten einer Freundschaft mit mir. Mit jedem anderen Freund kann ich nur einen Teil davon verwirklichen. Jesus Christus hingegen ist es ganz wichtig, *alle* Möglichkeiten einer Freundschaft konkret und praktisch mit mir auszuleben.

Diese umfassende und intensive Freundschaft mit Jesus befähigt mich, in vielen anderen Beziehungen offen und positiv zu sein. An seiner Seite kann ich es immer wagen, alte und neue freundschaftliche Beziehungen mutig zu leben.